GUÍAS VISUALES TOP 10 EL PAIS AGUILAR

ATENAS

CORAL DAVENPORT
Y
JANE FOSTER

EL PAIS AGUILAR

Izquierda **Templo de Hefesto, ágora** Centro **Botella de cristal, Museo Benáki** Derecha **Kapnikaréa**

DK
EL PAIS AGUILAR

Traducción: Montserrat Nieto
Edición y adaptación: Elena Ruiz
Adaptación: Ana Mª Guijarro
Maquetación: Miguel Ángel Pascual

Primera edición, 2004
Segunda edición, 2007

Torrelaguna, 60. 28043 Madrid
Tel. 91 744 90 60. Fax 91 744 90 93

ISBN: 978-84-03-50476-9

Aguilar, Altea, Taurus, Alfaguara S. A.
Avda. Leandro N Alem, 720.
C1001AAP Buenos Aires
Aguilar, Altea, Taurus,
Alfaguara S. A. de C. V.
Avda. Universidad, 767, Col. del Valle,
México, D.F. C. P. 03100

Impreso en China

Contenidos

Atenas Top 10

Izquierda **Soldados griegos** Centro **Isla de Egina** Derecha **Restaurantes de *souvlaki*, Monastiráki**

Izquierda **Teatro de Herodes Ático** Derecha **Vista del Peloponeso y la ciudad de Poros**

ATENAS TOP 10

ATENAS TOP 10

TOP 10 Lo esencial de Atenas

Atenas es conocida como la cuna de la Europa clásica. El legado arquitectónico de las distintas civilizaciones que por la ciudad pasaron queda a la vista del visitante y le recuerda que los primeros historiadores, filósofos y dramaturgos habitaron aquí. Las influencias de oriente y occidente se entrecruzan en la vida cotidiana de los herederos de la primera democracia.

Detalle de la torre de los Vientos

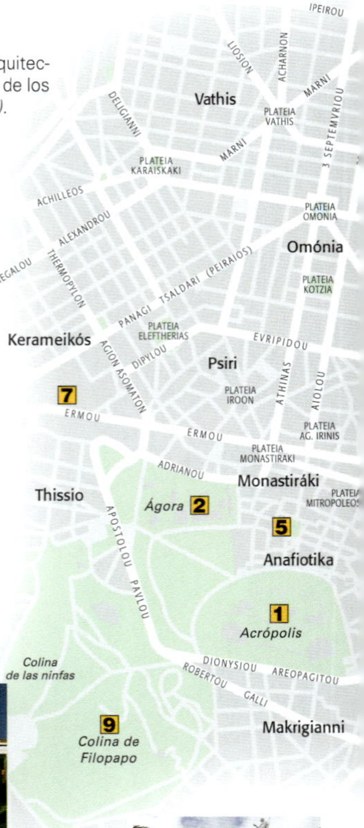

1 La Acrópolis

La antigua ciudad amurallada es la joya arquitectónica de Grecia. Sus templos conforman uno de los perfiles más famosos del mundo *(ver pp. 8-11)*.

2 El ágora

Sócrates, Aristóteles y san Pablo disertaron en la plaza pública situada bajo la Acrópolis. Éste era el corazón de la ciudad antigua *(ver pp. 12-15)*.

3 Museo Arqueológico Nacional

Este museo *(arriba)*, uno de los mejores del mundo en arte griego, acoge principalmente piezas de las culturas que se desarrollaron en el país. Destacan el tesoro de oro micénico y las primeras esculturas que muestran la evolución en la representación de la figura humana *(ver pp. 16-17)*.

4 Museo de Arte Cicládico

La mayor colección del mundo de arte cicládico descubre una cultura insular y matriarcal cuyos iconos con 5.000 años de antigüedad siguen inspirando a artistas modernos *(ver pp. 18-19)*.

Páginas anteriores **La Acrópolis de Atenas**

5 Foro romano y torre de los Vientos

Los romanos abandonaron la antigua ágora griega y crearon un foro como nuevo centro de comercio. Su joya era la magnífica torre de los Vientos, que alberga un ingenioso reloj de agua *(ver pp. 20-21)*.

6 Museo Benáki

Fantástica colección de arte griego que abarca del neolítico a la época actual. Se encuentra ubicada en una mansión neoclásica *(izquierda)* cuidadosamente restaurada, que cuenta con una hermosa vista desde la azotea *(ver pp. 22-23)*.

7 Kerameikós

Esta zona situada en los antiguos límites amurallados de la ciudad muestra cómo era la vida en aquellos tiempos. Quedan restos de un cementerio, tumbas *(arriba)*, vías sagradas y un burdel *(ver pp. 26-27)*.

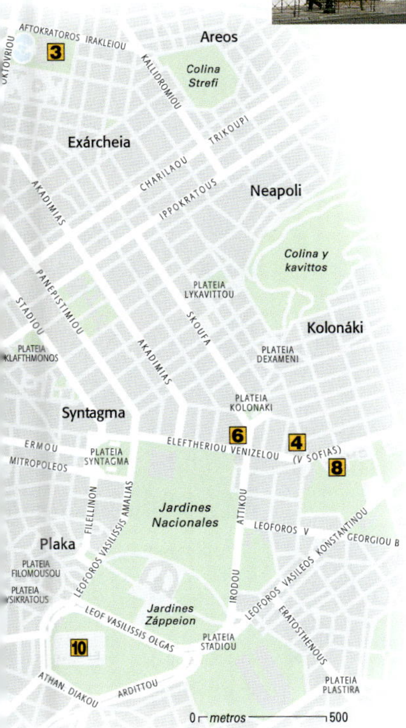

8 Museo Bizantino

Este museo muestra la rica historia del imperio bizantino a través de sus mejores obras, que ofrecen desde la complejidad de una valiosa orfebrería hasta la solemnidad de los iconos *(ver pp. 28-29)*.

9 Colina de Filopapo

Refugio verde en el centro de la ciudad con una maravillosa vista y un conjunto de monumentos que recogen la cultura griega antigua *(izquierda)*, bizantina y moderna *(ver pp. 30-31)*.

10 Templo de Zeus Olímpico

El templo más grande de la Antigua Grecia *(arriba)* se levanta junto al monumental arco que separaba la Atenas del héroe griego Teseo de la del emperador romano Adriano *(ver pp. 32-33)*.

TOP 10 La Acrópolis

La Acrópolis, que denomina en griego a la parte fortificada y más elevada de la ciudad, se alza sobre una colina, con sus magníficos edificios: el Partenón, el Erecteion, o el templo de Atenea Niké. Estas maravillosas construcciones en mármol se levantaron durante el reinado de Pericles, a finales del siglo V a.C., en la edad de oro de Atenas. La mayoría de ellas se consagraron a Atenea, la diosa patrona de la ciudad, y se adornaron con algunas de las mejores esculturas del arte griego, como las representaciones de los dioses esculpidas por Fidias.

La Acrópolis desde la elevación rocosa del Areópago

Se aconseja comenzar la visita por la mañana o al atardecer para evitar el calor del mediodía y las multitudinarias visitas en grupo.

Las tabernas de la Acrópolis son excesivamente caras por lo que conviene llevar provisiones de bebida (abundante) y de comida.

- *Plano J4*
- *210 321 4172/2*
- *www.culture.gr*
- *Metro: Akropoli*
- *Horario: abr-sep todos los días 8.00-19.30; oct-may todos los días 8.30-15.00.*
- *Entrada: 12 €; estudiantes mitad de precio*
- *El precio incluye la entrada a Kerameikós, el teatro de Dionisos, el ágora, el foro romano y el templo de Zeus Olímpico (válida para 4 días)*

Los Top 10

1. Roca de la Acrópolis
2. Propileos
3. Templo de Atenea Niké
4. Vía Panatenaica
5. Partenón
6. Erecteion
7. Museo de la Acrópolis
8. Panagía Spiliótissa
9. Teatro de Herodes Ático
10. Teatro de Dionisos

1 Roca de la Acrópolis

En el punto más elevado de Atenas, Atenea plantó el olivo como regalo para los atenienses, ganando así a Poseidón el favor de la ciudad. Este lugar fue utilizado como lugar de culto desde el neolítico.

2 Propileos

En lo alto de la roca, se encuentran los propileos *(arriba)*, las entradas con columnas de los templos.

3 Templo de Atenea Niké (Victoria)

Desde la prehistoria, en este lugar siempre ha habido un templo dedicado a la diosa de la victoria, ya que protege y vigila la zona más vulnerable a los ataques enemigos. Calícrates ideó este pequeño templo jónico.

4 Vía Panatenaica

Era la ruta que seguía los atenienses cuando salían en procesión para ofrecer a la diosa Atenea un nuevo peplo (túnica amplia y sin mangas).

5 Partenón

Este templo dórico de mármol es la máxima representación de la arquitectura de la Antigua Grecia. Dedicado a Atenea, guardaba una estatua colosal de la diosa en oro y marfil, creación de Fidias.

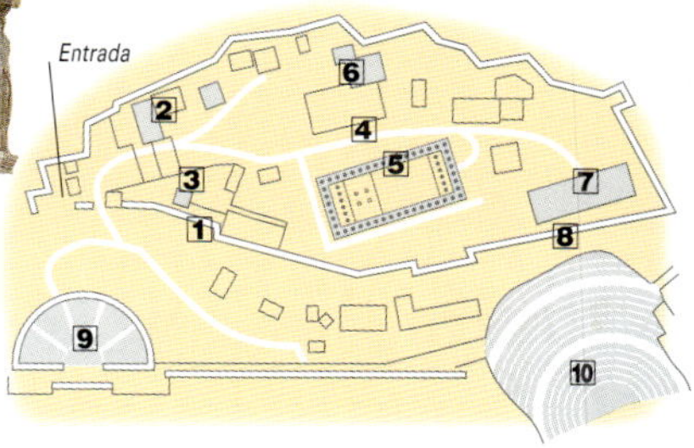

6 Erecteion
Erecteo fue uno de los primeros reyes de Atenas. Este templo jónico es la última construcción levantada en la Acrópolis. Destaca su pórtico de las cariátides.

7 Museo de la Acrópolis
El actual museo se va a sustituir por el Nuevo Museo de la Acrópolis, que abrirá en 2007 *(ver pp. 10-11)*, pero durante una temporada funcionarán ambos.

8 Panagía Spiliótissa
Esta cueva, dedicada a Dionisos, dios del vino, se transformó en la iglesia de la Virgen *(Panagía)* de la Cueva Dorada.

Teatro de Herodes Ático 9
Construcción posterior *(derecha)*, levantada en 161 a.C. por su homónimo. Acoge el Festival de Atenas *(ver pp. 60-61)*.

10 Teatro de Dionisos
Aquí se celebraban los concursos de teatro de la Grecia clásica, en los que se representaron por primera vez las obras de los mejores dramaturgos (Esquilo, Sófocles y Eurípides). El teatro tenía capacidad para 15.000 personas; en primera fila están los asientos reservados a los sacerdotes de Dionisos.

Historia posterior de la Acrópolis
Desde su construcción permaneció sin apenas alteraciones hasta la Edad Media, periodo en el cual el Partenón fue convertido en iglesia bizantina. A finales del s. V d.C., los otomanos la transformaron en mezquita. En el s. XVII, durante las guerras entre turcos y venecianos fue usado como polvorín y una fuerte explosión casi lo destruye. A principios del s. XIX, el embajador británico, lord Elgin arrancó sus esculturas y las vendió al British Museum.

Izquierda y derecha **Esculturas de templos antiguos**

TOP 10 Nuevo Museo de la Acrópolis

1 Suelo de cristal

Cuando se inició la construcción del museo, se descubrió un asentamiento paleocristiano. Los suelos de cristal permiten observar dicho yacimiento.

2 Los mármoles del Partenón

Los frisos esculpidos en mármol están expuestos del mismo modo que adornaban el Partenón, dejando huecos para las esculturas que permanecen en Londres.

3 *Moscóforo*

Esta escultura arcaica muestra a un hombre con barba llevando un carnero para ofrecerlo en sacrificio a Atenea. La estatua es una ofrenda votiva y data de 570 a.C.

Moscóforo

4 *Koré del peplo*

Se trata de una de las obras maestras de las estatuas votivas arcaicas. La túnica, llamada peplo, estaba pintada con colores. Aún se pueden ver restos cromáticos en ojos, labios, pelo y bordado del vestido.

5 *Koré de ojos almendrados*

Es la más lujosa de las *koroi* (muchachas) votivas. Sus elaborados ropajes y su cuerpo completamente formado muestran un verdadero desarrollo en la escultura. El vestido estaba pintado con detallados dibujos, entre ellos una cenefa.

6 Frontón del antiguo templo

Este fragmento de frontón pertenece a un antiguo templo dedicado a Atenea (520 a.C.), construido antes que el Partenón y más tarde destruido. Muestra a la diosa luchando con un gigante.

7 *Muchacho* de Kritios

Esta hermosa estatua de un joven atleta marca la transición de la escultura arcaica a la clásica temprana, con la introducción de una postura natural. Data de 480 a.C.

8 Relieve de *Atenea pensativa*

En este relieve Atenea, vestida con un peplo ático y un casco corintio, aparece en actitud reflexiva ante una estela.

9 Las cariátides

Los originales de estas estatuas usadas como columnas, que sujetaban el pórtico del Erecteion, han sido trasladas al interior del museo. Sus brazos se han perdido pero originalmente sujetaban vasijas para libaciones.

10 Friso del templo de Atenea Niké

Este friso pequeño está ricamente decorado con escenas de batallas entre los griegos y los bárbaros y de los griegos entre sí, en presencia de los dioses.

Explicación de estilos y términos artísticos **ver pp. 42-43**

Las 10 principales escenas de los mármoles del Partenón

1. Nacimiento de Atenea *(ver p. 38)*
2. El Olimpo observa el nacimiento de Atenea
3. Lucha entre Atenea y Poseidón por el control de la ciudad *(ver p. 38)*
4. Los dioses observan y enjuician la disputa entre Atenea y Poseidón
5. La procesión panatenaica, el acontecimiento religioso más importante de la antigua Atenas
6. Batalla entre centauros y lapitas
7. Batalla entre dioses y gigantes
8. Batalla entre griegos y amazonas
9. El saqueo de Troya
10. Las sacerdotisas preparan un velo para Atenea

Más que un edificio

Antiguo Museo de la Acrópolis

El Museo de la Acrópolis se quedó pequeño para los increíbles tesoros que albergaba, todos ellos procedentes de la Acrópolis y de las excavaciones del lugar. Por ello el Gobierno griego decidió construir el Nuevo Museo de la Acrópolis, un edificio de cristal de varias plantas situado a los pies de la ciudad antigua. La mayoría de los fondos del viejo museo han sido trasladados al nuevo edificio, pero no son éstas todas las piezas que se espera mostrar. En 1799, el séptimo conde de Elgin, embajador británico en Grecia, arrancó dos tercios de las esculturas que adornaban el Partenón y se las llevó a Inglaterra. La mayor parte la compró el British Museum, que se niega a devolverlas alegando que Atenas no puede exponerlas de una manera adecuada y segura. Con este proyecto, la capital griega está en condiciones de responder a la crítica británica y salva el último obstáculo para lograr la devolución de los mármoles, para los que se ha destinado una sala especial en el edificio que permanecerá vacía hasta su restitución. Grecia espera que, cuando miles de visitantes internacionales contemplen la vitrina vacía, aumente la presión sobre Gran Bretaña y se agilice el regreso del friso.

Representación del Nuevo Museo de la Acrópolis

Nuevo Museo de la Acrópolis

Los muros de cristal permiten contemplar los templos de la Acrópolis desde el interior del edificio. El suelo acristalado incorpora las ruinas del asentamiento paleocristiano al museo.

El Partenón se puede ver directamente a través de las paredes de cristal

***Nota:** el Nuevo Museo de la Acrópolis está situado en Madrigianni, K6 en el plano del centro de Atenas en la solapa posterior*

TOP 10 El ágora

El ágora, que significa mercado en griego, era algo más que eso. La plaza pública de Atenas, fundada en el siglo VI a.C., fue el corazón de la ciudad durante 1.200 años. Era el centro de todas las actividades civiles: la política, el comercio, la filosofía, la religión, el arte y los deportes. Aquí fue donde Sócrates se dirigía a su público, donde nació la democracia y donde predicaba san Pablo. Al contrario que la árida y sofocante Acrópolis, el ágora está cubierta de hierba y resulta un lugar estupendo para pasear.

Odeón de Agripa

Estatuas frente al odeón de Agripa

La mejor perspectiva del ágora se consigue desde la roca del Areópago ***(ver p. 53)*****.**

La mayoría de los locales que rodean el ágora tienen una carta para turistas. Los atenienses acuden a To Kouti en Adrianou para degustar variaciones sobre los clásicos de taberna. Se recomienda el helado de pétalos de rosa

---

- *Adrianou, Monastiráki*
- *Plano B4*
- *Metro: Monastiraki*
- *210 321 0185*
- *www.culture.gr*
- *Horario: mar-dic todos los días 8.00-19.30; ene-feb todos los días 8.30-15.00.*
- *Entrada: 4 €, o incluido en la entrada a la Acrópolis*

Los Top 10

1. Estoa de Basileios
2. Odeón de Agripa
3. Templo de Hefesto
4. *Tholos*
5. Desagüe principal
6. Monumento de los héroes epónimos
7. Altar de Zeus Agoraios
8. Estoa central
9. Ninfeo
10. Estoa de Attalos

1 Estoa de Basileios

Construida en el año 500 a.C., albergaba la oficina de asuntos relacionados con la ley y con los cultos antiguos. La mayor parte de la estoa quedó destruida tras la invasión goda de 267 d.C.

2 Odeón de Agripa

Marco Vipsanio Agripa, oficial del emperador Augusto, mandó construir este teatro en el 15 d.C. En el exterior se alzaban las estatuas de tres tritones y tres gigantes con cola de serpiente. Se conservan dos tritones y un gigante.

Templo de Hefesto

3 Templo de Hefesto

Es el templo clásico mejor conservado de Grecia y está dedicado a Hefesto (dios del fuego) y Atenea. En su friso se representan las hazañas de Teseo y Heracles.

4 *Tholos*

Los 50 miembros que formaban el comité ejecutivo del primer parlamento vivían y trabajaban en este edificio circular, cuyo nombre significa colmena.

5 Desagüe principal

Cuando llueve, el antiguo desagüe principal, aún en funcionamiento, recoge el agua de la Acrópolis, el Areópago y el ágora y la conduce hasta el río Eridanos, hoy casi seco.

Plano del ágora

6 Monumento a los héroes epónimos

Los ciudadanos estaban divididos en 10 tribus *(phylae)*, cada una representada por un héroe ático. Este monumento, que data de 350 a.C., presentaba estatuas de estos fundadores legendarios: Antíoco, Ajax, Leos, Hipocoonte, Erecteo, Egeo, Cecrope, Acamante, Pandión y Eneo.

7 Altar de Zeus Agoraios

Este maravilloso templo dedicado al señor de los dioses fue construido originalmente en otro punto de Atenas (posiblemente en Pnyx) en el siglo IV a.C. En el siglo I d.C., fue desmontado, trasladado al ágora y vuelto a construir.

8 Estoa central

La amplia estoa central ocupaba la mayor parte de la plaza; sus dos naves estaban rodeadas de columnas dóricas.

9 Ninfeo

Las ruinas de esta fuente (ninfeo) del siglo II son todavía visibles, a pesar de haberse construido sobre ellas una iglesia bizantina en el siglo XI *(izquierda)*.

10 Estoa de Attalos

El rey Attalos II de Pérgamo (159-138 a.C.) construyó esta impresionante estructura de dos pisos *(derecha)*. La Escuela Americana de Arqueología la reconstruyó en 1956. Hoy la estoa acoge un museo de renombre mundial en el que se exponen los hallazgos del ágora *(ver pp. 14-15)*.

Lugar de peregrinación

Es posible ver a gente en el Areópago, la roca situada sobre el ágora, rezando. Peregrinos de todo el mundo, siguiendo los pasos de san Pablo, se reúnen en este lugar citado en la Biblia (versículos 17:22-34), donde el santo pronunció su famoso sermón "Atenienses...". El discurso trataba de los errores de las antiguas religiones griegas. Aquí san Pablo convirtió a los primeros atenienses al cristianismo.

Museo del Ágora en las páginas siguientes

Izquierda **Un *ostrakon* que condena a Hipócrates al exilio** Derecha **Estoa de Attalos**

TOP 10 Museo del Ágora (Estoa de Attalos)

1 Aríbalo

Esta pequeña aceitera arcaica, con forma de muchacho arrodillado, representa a un deportista con una cinta, símbolo de la victoria, rodeándole la cabeza. Data del 530 a.C. aproximadamente.

Aríbalo, aceitera arcaica

2 Clepsidra

Este reloj de agua de terracota, que data del siglo V a.C., es el único ejemplo de las clepsidras que se utilizaban para medir el tiempo de los discursos en los tribunales públicos. Cuando comenzaba un discurso, se quitaba el tapón a la jarra, que tardaba seis minutos en vaciarse. En ese momento el orador debía parar, incluso si estaba en mitad de una frase.

3 *Ostrakón*

Estos fragmentos de cerámica grabados jugaron un papel crucial en la incipiente democracia. Se utilizaban como papeletas en el proceso de exilio, de ahí el origen de la palabra ostracismo. Cuando se temía la aparición de una tiranía, los ciudadanos votaban para expulsar a los políticos considerados peligrosos para la democracia. Los *ostrakones* expuestos muestran los nombres de varios políticos prominentes exiliados de esta forma, entre ellos Temístocles, uno de los líderes más importantes de Atenas.

4 Escudo de bronce

Este inmenso escudo espartano fue tomado como trofeo por los atenienses tras su victoria sobre los espartanos en la batalla de Esfacteria, en 425 a.C. Es una pieza enorme y resulta increíble imaginar a un soldado llevando algo tan pesado y voluminoso en el tumulto de la batalla. En el frontal del escudo, un ateniense inscribió "Atenas derrotó a Esparta en Pilos".

5 Cabeza de Niké

Esta pequeña y delicada cabeza de Atenea Niké *(derecha)*, que data de 425 a.C. aproximadamente, estaba cubierta con láminas de plata y oro, también tenía incrustaciones en los ojos.

6 *Niké alada*

Esta estatua de Atenea adornó otrora la estoa de Zeus Eleuterio en el ágora. La postura activa y el *chitón* (una túnica amplia y con pliegues) son típicos de la manera de representar a la diosa en aquella época. Data de 415 a.C. aproximadamente.

7 Ley ateniense por la democracia

En el año 336 o 337 a.C., los atenienses aprobaron en una votación histórica un nuevo sistema de democracia que daba a cada ciudadano varón un voto de igual valor. La ley está inscrita en esta pieza, encabezada por una imagen que recoge a la personificación del *demos* (el pueblo) de Atenas siendo coronada por la Democracia.

8 *Apolo Patroos*

Esta estatua de culto a Apolo, colosal pero elegantemente esculpida, adornaba un templo dedicado al dios en el ágora. Una copia, posterior, muestra que en esta escultura el dios de la música estaba tocando una cítara. Data de 330 a.C. aproximadamente y es obra del famoso escultor y pintor Eufranor.

9 *Cleroterión* de mármol

Esta máquina fue utilizada por el parlamento de Atenas para seleccionar funcionarios entre los siglos III y II a.C., en el periodo de las diez tribus de Ática. La caja, aparentemente sencilla, realizaba complicadas operaciones con ranuras, pesas, manivelas y bolas de colores. Un panel bajo la vitrina explica las dificultades de su manejo.

10 Crátera de cáliz

Esta crátera de cáliz, una elegante vasija utilizada para mezclar el agua y el vino en los banquetes, data de 530 a.C. y es la más antigua que se conoce. Es el único recipiente de este tamaño conservado de Exekias, el mejor pintor de vasijas áticas. Muestra varias escenas con hermosos detalles, entre ellas a Heracles siendo presentado a los dioses del Olimpo y la lucha de los héroes griegos y troyanos por el cuerpo de Patroclo.

Cabeza de Niké

La estoa de Attalos

La estoa de Attalos se utilizaba originalmente como centro de comercio, en el siglo II a.C. Las dos galerías estaban divididas en tiendas, y el fresco espacio con columnas de mármol era un lugar de reunión y charla entre los ricos atenienses. Tras décadas de excavaciones, el ágora ha sido reconocida como uno de los yacimientos más importantes de Grecia. En ella se han encontrado vestigios valiosos por su calidad artística y por su relevancia para aportar datos sobre la vida política y cultural de esta primera democracia. En la década de 1950, la Escuela Americana de Arqueología reconstruyó la estoa y convirtió el edificio en un museo para exponer los hallazgos del yacimiento. La mayoría de las piezas están muy relacionadas con el desarrollo de la democracia. En el exterior, en el pasadizo de mármol, se exponen las estatuas que adornaban los templos.

La estoa de Attalos reconstruida, hoy sede del Museo del Ágora

TOP 10 Museo Arqueológico Nacional

Este museo no es sólo el mejor de Grecia, sino uno de los más importantes y fascinantes del mundo. Está lleno de obras famosas, influyentes y hermosas procedentes de las importantes culturas de la edad de bronce descritas por Homero y de la edad de oro de la Atenas clásica, pasando por el arte egipcio. Las obras realizadas desde 1999 han permitido mejorar la distribución de los inestimables hallazgos acumulados en él.

La imponente fachada neoclásica del museo

Hay tanto que ver en este museo que se hace razonable visitarlo dos veces y acompañarse de una de las breves guías informativas disponibles en él.

Hay un café en el atrio, en el interior del museo, y una cafetería más grande frente a él.

- *44 Patision (28 Oktovriou)*
- *Plano C1*
- *Metro: Victoria*
- *210 821 7717*
- *www.culture.gr*
- *Horario: abr–oct todos los días 8.00–19.00; nov–mar lu 10.30–17.00, ma–do 8.30–15.00*
- *Entrada: 6 €*

Los Top 10

1. Arte cicládico
2. Frescos de Thíra
3. Arte micénico
4. Escultura helenística
5. Colección de bronce
6. Escultura clásica
7. Estelas funerarias
8. *Koroi* arcaicas
9. Colección de vasijas
10. Ala egipcia

1 Arte cicládico, 3200-2200 a.C.

El Museo de Arte Cicládico *(ver pp. 18-19)* cuenta con la mayor colección de obras de esta cultura, pero aquí se pueden encontrar algunas piezas inusuales, como este arpista *(arriba)*, que muestra una figura tridimensional en movimiento.

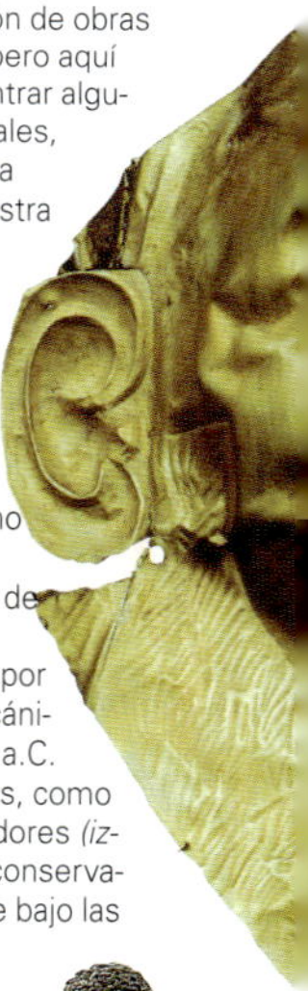

2 Frescos de Thíra, siglo XVI a.C.

El desarrolladísimo asentamiento de Akrotíri, en la isla de Thíra (Santorini), quedó sepultado por una erupción volcánica en el siglo XVI a.C. Hermosos frescos, como el de estos luchadores *(izquierda)*, se han conservado perfectamente bajo las cenizas.

3 Arte micénico, siglos XVI-XI a.C.

La cultura micénica, enlace entre la edad de bronce y la Grecia clásica, dejó abundantes restos de pequeñas piezas de terracota, marfil y oro. Aquí se expone gran parte de sus tesoros de oro, espadas y máscaras, como esta máscara mortuoria *(centro)*.

4 Escultura helenística

En esta sala las rígidas y sólidas piezas del periodo arcaico dejan paso a unas esculturas llenas de vigoroso movimiento y sensualidad. Esto se nota especialmente en el grupo formado por *Afrodita, Pan* y *Eros*, del año 100 a.C., la estatua de un galo herido y este joven de Antikythira *(derecha)*.

5 Colección de bronce

Muchas de las mejores obras arcaicas y clásicas eran de bronce pero pocas se han conservado; la mayoría se fundió para construir armas durante las invasiones. En esta colección, la más rica que existe, se encuentra esta escultura de un caballo galopando del año 140 a.C. *(derecha)*.

6 Escultura clásica

Reunidas en esta colección hay esculturas de mármol originales procedentes de templos de todo el país. Destacan las que adornaban el Asklepieion en Epidauro, y trabajos como el *Diadúmeno*, escultura en mármol del siglo V, realizada por el magnífico escultor Policleto.

7 Estelas funerarias

Las esculturas funerarias en mármol de la época clásica *(abajo)* llegaron a ser tan opulentas que fueron prohibidas en el 317 a.C. Las escenas muestran normalmente al difunto a la derecha y los dolientes a la izquierda.

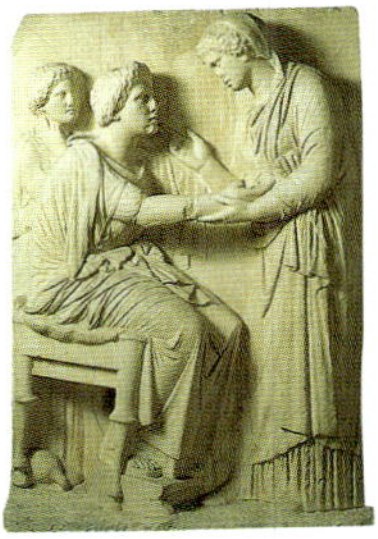

Máscara mortuoria micénica

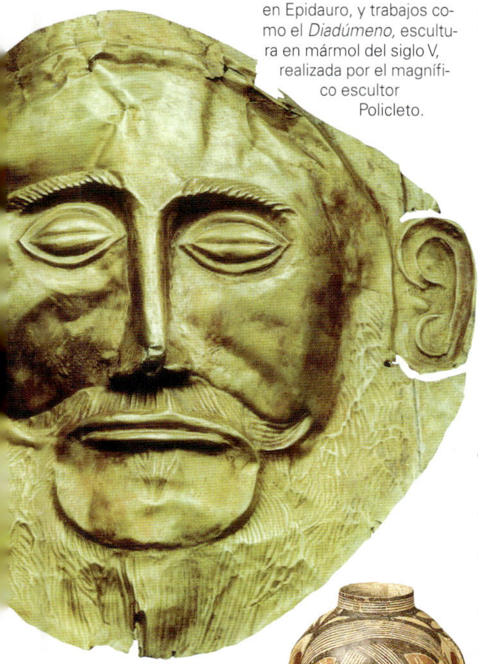

8 *Koroi arcaicas,* siglo VII a.C.-480 d.C.

Estas estatuas de muchachas jóvenes talladas para templos y tumbas fueron los primeros trabajos escultóricas del arte griego. Las más tempranas eran rígidas pero con los siglos los artistas fueron más naturales.

9 Colección de vasijas

Estas vasijas con intrincados dibujos muestran el desarrollo de la cerámica en Grecia desde los ejemplos neolíticos *(arriba)* hasta el siglo IV a.C. Proceden principalmente de cementerios y santuarios religiosos.

10 Ala egipcia

Se ha incorporado recientemente al museo y resulta fascinante contemplarla en combinación con el primer arte arcaico griego, que se vio muy influenciado por la estatuaria egipcia antes de desarrollar su estilo particular. No hay que perderse la estatua de bronce de la princesa-sacerdotisa Takushit, del 715 a.C.

Terremoto

En septiembre de 1999, el terremoto más fuerte del s. XX hizo temblar Atenas, derrumbando edificios y haciendo añicos frágiles vasijas y frescos del Museo Arqueológico Nacional. Casi la mitad del museo ha sufrido remodelaciones para mejorar sus instalaciones.

Museo de Arte Cicládico

Este museo constituye un encantador emplazamiento en el que apreciar las elegantes y estilizadas figurillas cicládicas, vestigios de una cultura que floreció en las islas Cícladas a partir del 3200-2000 a.C. Estas hermosas tallas de mármol resultan fascinantes por sus líneas depuradas. La mayoría son figuras femeninas, posiblemente representaciones de diosas de la fertilidad o amuletos que acompañaban a los difuntos.

Guerrero-cazador y reina

Entrada al ala nueva

Todas las piezas enumeradas se encuentran en el edificio principal del ala cicládica. El ala nueva muestra exposiciones temporales.

Los colegios y los grupos abarrotan el museo la mayor parte de las mañanas. Si quiere tranquilidad es mejor dejar la visita para después de las 13.00.

El café del museo es un buen lugar para tomar una comida ligera.

- *Neofytou Douka 4 y Vasilissis Sofias*
- *Plano P3*
- *210 722 8321*
- *www.cycladic.gr*
- *Metro: Evangelismos*
- *Horario: lu-vi 10.00-14.00, sá 10.00-15.00*
- *Entrada: 5 €, estudiantes 2,50 €*

Los Top 10

1. Figura Modigliani
2. Recipiente paloma
3. Guerrero-cazador y reina
4. Figura masculina
5. Portador de copa
6. Estatua monumental
7. *Kylix* del *simposio*
8. Jarrón de Dionisos
9. Nueva galería
10. Tienda de regalos

1 Figura Modigliani

Recibió este nombre porque las líneas de esta figura *(derecha)* aparecen en el trabajo del pintor del siglo XX Modigliani. La forma esbelta y sencilla, los brazos cruzados y la cara lisa son características del estilo cicládico clásico. La posición de los pies indica que este tipo de figuras probablemente eran yacentes.

2 Recipiente paloma

Tallado en una sola pieza de mármol, éste es el más sorprendente de una serie de recipientes encontrados en tumbas *(arriba)*. Los arqueólogos piensan que los pájaros tenían un importante simbolismo en la cultura cicládica, pues aparecen también en muchas otras tallas, pero la naturaleza de su significado sigue siendo un misterio.

3 Guerrero-cazador y reina

Estas figuras de un hombre y una mujer *(arriba)*, con los brazos cruzados y con los ojos y la boca almendrados, son las más naturalistas de las últimas obras cicládicas. Los expertos piensan que la bandolera y el puñal tallados alrededor del hombre indica que era un guerrero-cazador.

4 Figura masculina

Se trata de la única figura masculina de este tamaño encontrada hasta ahora en el típico estilo cicládico *(derecha)*. Tiene la misma forma y posición de los brazos que las figuras femeninas pero los genitales son claramente diferentes. Las piernas separadas indican que estaba de pie, en vez de tumbada como las representaciones de mujeres.

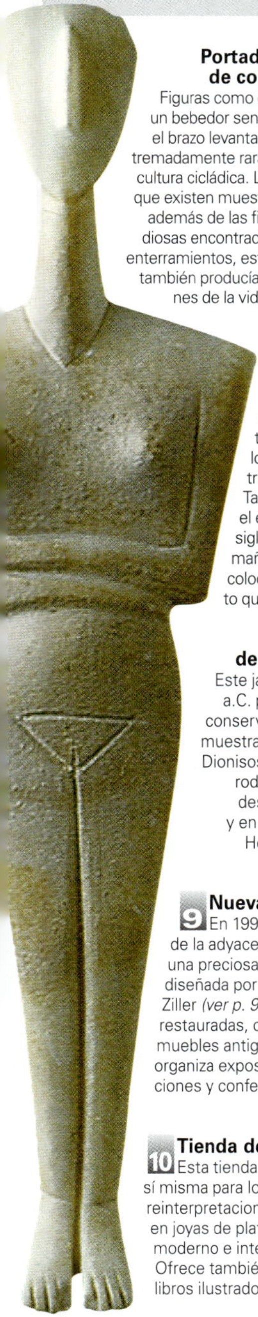

Portador de copa 5

Figuras como esta de un bebedor sentado con el brazo levantado son extremadamente raras en la escultura cicládica. Las pocas que existen muestran que, además de las figuras de diosas encontradas en los enterramientos, esta cultura también producía imágenes de la vida diaria.

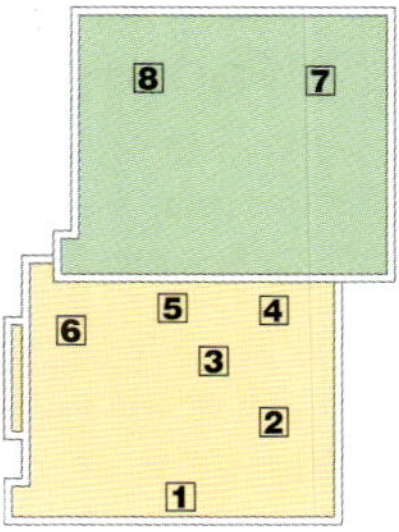

Primera planta
Segunda planta

6 Estatua monumental

Ésta es una de las figuras cicládicas más grandes que se han encontrado; su tamaño exhibe bellamente los claros contornos, la simetría y el estilo del hábil artista. También comienza a sugerir el estilo arcaico, que apareció siglos más tarde. Dado su tamaño, es más posible que se colocara en un santuario de culto que en una tumba.

7 *Kylix* del *simposio*

Este *kylix* es una excepcional pieza de cerámica del siglo V a.C. Muestra a tres jóvenes reunidos en un *simposio*. El *simposio* consistía en un banquete acampañado de tertulia y espectáculos reservados a los hombres, en el que se tomaba vino para invocar y honrar al dios Dionisos, dios del vino y la fiesta.

Jarrón de Dionisos 8

Este jarrón del siglo VI a.C. perfectamente conservado *(derecha)* muestra, en un lado, a Dionisos dios del vino, rodeado de sátiros desnudos bailando, y en el otro, a Atenea y Hermes conversando.

9 Nueva galería

En 1991, el museo se hizo cargo de la adyacente mansión Stathátos, una preciosa construcción neoclásica diseñada por el arquitecto bávaro Ernst Ziller *(ver p. 96)*. Entre arañas de luces restauradas, cortinas de terciopelo y muebles antiguos originales, el museo organiza exposiciones temporales, recepciones y conferencias ocasionales.

10 Tienda de regalos

Esta tienda resulta un destino en sí misma para los compradores. Las reinterpretaciones de figurillas cicládicas en joyas de plata y cerámica muestran lo moderno e intemporal que es este arte. Ofrece también una amplia selección de libros ilustrados y especializados.

La dinastía Goulandrís

Los fundadores del museo, la familia Goulandrís, son posiblemente la mayor dinastía naviera de Grecia (con una larga rivalidad con Onassis). También son conocidos por su legado artístico: además del Museo de Arte Cicládico, la familia ha fundado dos museos en la isla de Andros y está proyectando un nuevo Museo de Arte Moderno en Atenas.

TOP 10 Foro romano y torre de los Vientos

En el siglo I d.C., los romanos trasladaron el mercado de Atenas desde el ágora griega hasta este lugar. El patio con columnas de mármol ofrecía un espacio mejor para instalar las tiendas y se convirtió en el centro comercial y administrativo de la ciudad hasta el siglo XIX. Su mayor atracción era la torre de los Vientos, una construcción única y de magnífico diseño.

Euros, el viento del sureste, torre de los Vientos

Propileo

A finales de agosto, durante el plenilunio, se celebra aquí un concierto de música clásica a la luz de la luna (considerada la más grande y brillante del año).

La mayoría de los restaurantes que rodean el ágora romana son turísticos y demasiado caros. El cercano O Platanos, en Diogenous, ofrece una carta de taberna sencilla, sabrosa y de precio razonable *(ver p. 75)*.

- *Aiolou y Diogenous, Monastiraki*
- *Plano J4–K4*
- *210 324 5220*
- *www.culture.gr*
- *Horario: abr-oct 8.00-19.15 todos los días; nov-mar 8.00-15.00 todos los días*
- *Entrada: 2 € (estudiantes mitad de precio) o incluida en los 12 € de la entrada a la Acrópolis*

Los Top 10

1. Torre de los Vientos
2. Agoranomeion
3. Vespasianae (letrina pública)
4. Lápidas bizantinas
5. Propileo este
6. Mezquita Fethiye
7. Patio
8. Fuente
9. Puerta de Atenea Archegetis
10. Inscripción de Julio César y Augusto

1 Torre de los Vientos

En cada lado de esta torre octogonal, construida por el astrónomo sirio Andronikos Kyrrestes en el 50 a.C., hay una representación de los vientos. La clepsidra del interior funcionaba con un arroyo de la Acrópolis.

2 Agoranomeion

Se pensaba que este edificio con dos salas era la oficina de los funcionarios del mercado. Las teorías actuales consideran que tal vez formara parte del culto a Claudio o Nerón.

Restauración de columnas

3 Vespasianae (letrina pública)

Este edificio rectangular, construido en mármol, tiene un patio central con 68 letrinas alineadas en los cuatro lados. La cercanía no representaba un problema pues las letrinas eran lugares de reunión social.

4 Lápidas bizantinas

En época bizantina, cuando la torre de los Vientos se utilizaba como iglesia, el terreno circundante estaba ocupado por un cementerio. Las tumbas se señalaban con lápidas cilíndricas grabadas, algunas de ellas eran bastante bonitas. Más tarde, fueron agrupadas junto a otras procedentes de todo el país.

5 Propileo este

Éste es uno de los dos propileos (entradas principales) originales que daban acceso al mercado *(derecha)*. En una estoa cercana hay esculturas de romanos ilustres, probablemente emperadores o funcionarios.

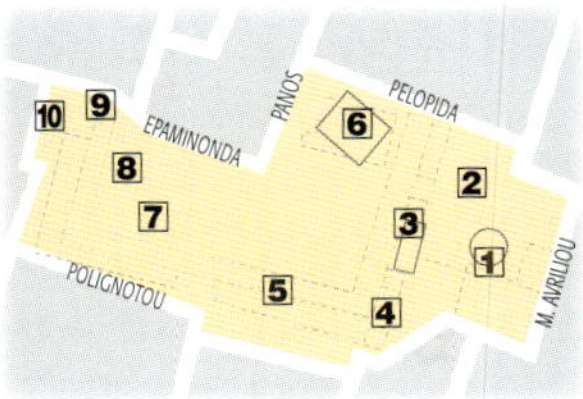

6 Mezquita Fethiye

Durante la ocupación otomana, el foro conservó su importante papel. En 1456, los turcos construyeron esta Fethiye Cammii (mezquita Fethiye) *(abajo)* sobre las ruinas de una iglesia paleocristiana.

7 Patio

En este lugar se desarrollaba toda la actividad. El patio estaba rodeado de tiendas y talleres donde se vendían alimentos, telas, cerámica, joyas y mercancías importadas. El emperador Adriano lo mandó pavimentar en el siglo II d.C.

9 Puerta de Atenea Archegetis

Esta monumental entrada con cuatro columnas, en la zona occidental del foro, está construida con el hermoso mármol pentélico. Fue levantada en el 11 a.C. por Julio César y Augusto, y dedicada por el pueblo de Atenas a la diosa Atenea.

8 Fuente

Esta fuente de mármol, cuyas aguas, al igual que las de la clepsidra, puede que procedieran de la Acrópolis, proporcionó en otro tiempo un alivio a los compradores. En la actualidad su agua suele ser salobre.

10 Inscripción de Julio César y Augusto

La inscripción que indica que la puerta de Atenea Archegetis fue construida por César y Augusto está tan desgastada que sólo se puede ver al mediodía. Hay que colocarse fuera del foro y mirar directamente a lo alto de la entrada.

Miscelánea de hallazgos

Desde la década de 1940, los arqueólogos han utilizado el foro como almacén de hallazgos pequeños y sin clasificar procedentes de toda la región Ática (Grecia central). Por ello, este lugar está salpicado de piezas fascinantes, como el muro con capiteles desiguales cerca del Vespasianae, o el sarcófago engalanado, junto a la fuente.

Museo Benáki

Este extenso museo ofrece un viaje por la historia de Grecia desde la edad de piedra (7.000 a.C.) hasta el siglo XX, pasando por la Grecia clásica y los imperios bizantino y otomano. Sus más de 20.000 piezas están ordenadas cronológicamente en 36 salas, que muestran la evolución de la pintura, la escultura y la artesanía griegas.

El café de la azotea

Conviene recordar que los jueves la entrada es gratis y que el museo abre hasta tarde.

Resulta imposible ver toda la colección Benáki en poco tiempo; es mejor visitar una parte por la mañana, hacer una pausa para comer en el café de la azotea, y continuar con el resto por la tarde.

- *Koumpari 1, Kolonaki*
- *Plano N3*
- *210 367 1000*
- *www.benaki.gr*
- *Metro: Syntagma*
- *Horario: lu, mi, vi, sá 9.00-17.00, ju 9.00-24.00, do 9.00-15.00*
- *Cerrado: martes*
- *Entrada: 6 €*

Los Top 10

1. El edificio
2. Tesoro de Evia
3. Tesoro de Tebas
4. Tesoro de Tesalia
5. Cuadros de El Greco
6. Salón de mediados del siglo XVIII
7. Otra sala de Kozani
8. Recuerdos de la independencia griega
9. Café
10. Tienda

1 El edificio

Emmanuel Benákis compró en 1910 esta magnífica mansión blanca en estilo neoclásico de 1867. Sus hijos la heredaron y más tarde la regalaron al Estado en 1931, cuando se abrió como museo.

2 Tesoro de Evia

Alrededor de 3000 a.C., el desarrollo de la metalurgia supuso la transición de la edad de piedra a la edad de bronce. Estas tres vasijas, dos de oro *(una de ellas arriba)* y una de plata, con formas sencillas y escasa decoración son magníficos ejemplos de este periodo. Datan de 3000-2800 a.C.

3 Tesoro de Tebas

Durante el último periodo de la edad de bronce, las joyas ornamentales mostraban la riqueza personal. Este conjunto de alhajas de oro micénicas incluye un sello grabado *(arriba)* en el que se representa un matrimonio sagrado relacionado con el culto a una diosa prehistórica.

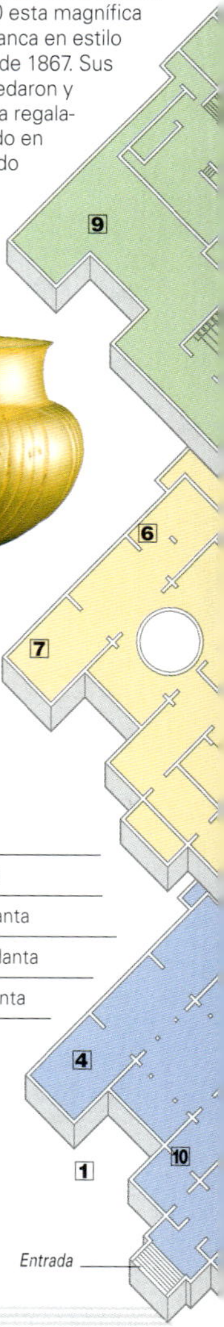

Leyenda

- Planta baja
- Primera planta
- Segunda planta
- Tercera planta

Tesoro de Tesalia 4

En esta fascinante muestra de joyas de oro helenas y romanas de los siglos III y II a.C. se emplean filigranas y gránulos (cuentas de oro soldadas sobre el metal) para crear pendientes, collares, brazaletes y diademas de minuciosa factura. La cinta decorativa que se muestra arriba tiene un nudo de Heracles en el centro.

Cuadros de El Greco 5

Doménikos Theotokopoulos (1541-1614) es más conocido en España como El Greco. Una de las dos obras tempranas expuestas aquí, terminadas mientras aún estaba en su Creta natal, es *La adoración de los reyes (derecha)*.

6 Salón de mediados del siglo XVIII

El techo de madera dorado y pintado y las paredes con paneles de madera *(izquierda)* son reconstrucción de una mansión macedonia. Estas artesanías florecieron al tiempo que los comerciantes locales prosperaban bajo el gobierno otomano.

7 Otra sala de Kozani

Esta otra reconstrucción macedonia reproduce un salón del siglo XVIII. Muestra un techo de madera tallado, armarios empotrados de madera decorada y una zona de descanso baja, con alfombras y cojines persas y una mesa de café de hierro forjado.

Recuerdos de la independencia griega 8

Entre las piezas expuestas hay espadas, sables y rifles bellamente decorados, un cuadro de 1821 de un independentista griego *(derecha)* y un escritorio portátil propiedad de lord Byron.

9 Café

El café está situado en la terraza de la azotea. Mira hacia los árboles y el césped de los Jardines Nacionales.

10 Tienda

Recipientes y azulejos de cerámica, joyas e iconos bizantinos de la colección han sido cuidadosamente reproducidos, usando principalmente técnicas artesanales originales.

Familia Benákis

Antónis Benákis (1873-1954) nació en Egipto. Su padre era Emmanuel Benákis, un comerciante muy rico, que se convirtió en alcalde de Atenas. Antónis comenzó a coleccionar arte islámico en Alejandría y continuó adquiriendo arte bizantino y arte tradicional griego cuando se mudó a Atenas. Donó toda su colección al Estado griego en 1931. Su hermana, Penélope Delta (1874-1941), era una escritora de libros infantiles.

Kerameikós

Las murallas exteriores de la antigua Atenas atravesaban Kerameikós, otrora el límite de la ciudad clásica. Los guerreros y las sacerdotisas regresaban a Atenas cruzando este lugar por dos caminos separados: uno llevaba a un burdel, el otro, a un templo. Los hombres de Estado y los héroes fueron enterrados bajo las fastuosas tumbas que bordean las calles. También fue escondite de prestamistas y vendedores de vino.

Estela de Demetria y Pamphile

Tumbas de hombres de Estado

El espacio verde y los edificios industriales de los alrededores muestran su encanto más misterioso a últimas horas de la tarde, teñidos de rosa por el sol del atardecer.

Hay varias tabernas de precio razonable en las cercanas calles de Adrianou y Apostolou Pavlou. En cualquiera de ellas se puede probar una tradicional comida al aire libre.

- *Ermoú 148, Thissio*
- *Plano A3–4*
- *Metro: Thissio*
- *Horario: abr–oct 8.00–19.00 todos los días; nov–mar 8.00–15.00 todos los días* • *Entrada 2 €*
- *Museo Oberlander*
- *Horario: abr–oct 8.00–19.00 todos los días; nov–mar 8.00–15.00 todos los días*

Los Top 10

1. Murallas de la ciudad
2. Dipylon
3. Pompeiion
4. Puerta Sagrada
5. Tumbas de guerreros
6. Santuario de los Tritopatores
7. Tumba de Dexileos
8. Toro de mármol, tumba de Dionisos de Kollytos
9. Estela de Hegeso
10. Museo Oberlander

1 Murallas de la ciudad

Las murallas, que rodeaban toda la ciudad, fueron construidas por el gobernador Temístocles en el 478 a.C. En los muros, levantados apresuradamente, se utilizaron materiales procedentes de toda la ciudad.

2 Dipylon

Esta grandiosa entrada a Atenas era la mayor puerta de la Antigua Grecia. Las principales vías de Tebas, Corinto y el Peloponeso llegaban a esta puerta, en la que se celebraban numerosas ceremonias para las llegadas y las partidas.

3 Pompeiion

El Pompeiion *(derecha)* se utilizaba para preparar las procesiones festivas y religiosas, especialmente la procesión panatenaica anual, en la que se ofrecía una túnica nueva a la estatua de Atenea en el Partenón.

Vía Sagrada

4 Puerta Sagrada

La Vía Sagrada, reservada a los peregrinos y las sacerdotisas durante la procesión de Eleusis *(ver p. 111)*, pasaba bajo esta puerta bien conservada. Una esfinge de mármol fue construida dentro.

Páginas anteriores **Templo de Zeus Olímpico**

Tumbas de guerreros 5

Los elevados túmulos funerarios circulares que bordean la Vía Sagrada datan del siglo VII a.C. y probablemente se construyeron para honrar a los grandes guerreros. En su mayoría, los túmulos se han construido con ataúdes y ofrendas de mármol.

Plano

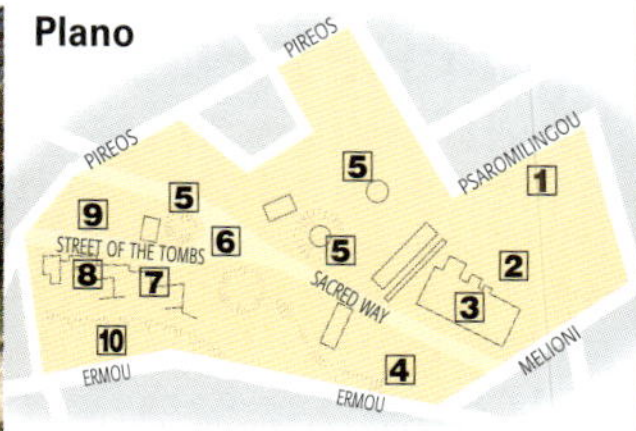

6 Santuario de los tritopatores

No se sabe con seguridad quiénes eran los tritopatores, pero tal vez representaran las almas de los muertos, venerados por un culto ancestral.

7 Tumba de Dexileos

Esta tumba *(arriba)* pertenece a un joven jinete que murió en el 394 a.C. En la Antigua Grecia, se solía representar a los difuntos con su familia viva diciéndole un último adiós.

Toro de mármol 8

El toro de la tumba de Dionisos de Kollytos es quizás el monumento más famoso de este lugar. En las inscripciones se cuenta que Dionisos era elogiado por su bondad y que murió soltero y llorado por su madre y sus hermanas.

9 Estela de Hegeso

Este frontón funerario es uno de los trabajos más bellos del siglo V a.C. Hegeso, la difunta, aparece sentada, junto a su esclava. El original se encuentra en el Museo Arqueológico Nacional.

10 Museo Oberlander

Este pequeño museo está repleto de hallazgos fascinantes, como los originales de muchas tumbas que han sido sustituidos por copias y los fragmentos de cerámica de un burdel.

El antiguo barrio de los alfareros

El nombre Kerameikós proviene de *keramos* (cerámica). Según Pausanias *(ver p. 37)* y otros escritores tempranos, este nombre hace referencia a un antiquísimo grupo de talleres de alfarería situado en las verdes orillas del río Eridanos, que atraviesa esta zona. El museo contiene bellos ejemplos de urnas griegas y cerámica encontrados aquí.

Lugares de interés cerca de Kerameikós **ver pp. 78-85**

TOP 10 Museo Bizantino

El imperio bizantino dominó la región mediterránea desde la caída de Roma en 476 hasta la caída de Constantinopla en 1453. Aunque alternó periodos de crisis y de esplendor, dejó un vasto legado en el que la iglesia ortodoxa ejerció una gran influencia artística. Esta colección mundialmente famosa consta de 15.000 piezas que pertenecen a este fascinante periodo.

Fachada y patio del museo

En verano, suele haber conciertos en el patio. A lo largo del año, se organizan frecuentes visitas gratuitas guiadas. Llamar con antelación para informarse sobre estas actividades.

Se puede acudir a uno de los cafés o restaurantes de Plateia Kolonakio, o al del museo si ya está abierto.

- *Vasilissis Sofias 22*
- *Plano P3*
- *210 723 2178*
- *www.culture.gr*
- *Metro: Evangelismos*
- *Horario: ma-do 8.00-15.00*
- *Entrada: 4 €*

Los Top 10

1. *Orfeo tocando la lira*
2. *Pastor llevando un cordero*
3. Icono del arcángel Miguel
4. Colección de manuscritos
5. Mosaico-icono de la Virgen (el *Episkepsis)*
6. Objetos eclesiásticos
7. Frescos de la iglesia de Episkopi
8. Icono con dos caras de san Jorge
9. Tesoro de Mitilene
10. Exposiciones temporales

1 *Orfeo tocando la lira*

Orfeo *(arriba)* está rodeado de animales, como alegoría de Cristo y sus fieles. Esta transmutación de antiguos mitos paganos de la antigua religión cristiana fue elemento esencial del arte bizantino.

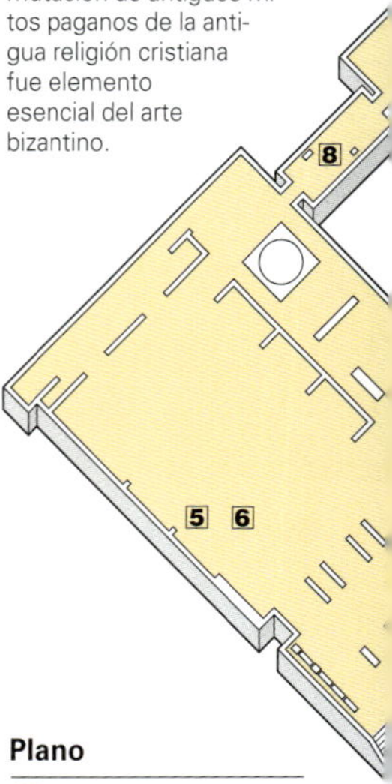

2 *Pastor llevando un cordero*

Esta escultura de mármol del siglo IV es también una alegoría cristiana con raíces paganas. Aunque el pastor representa a Cristo, la imagen está tomada directamente de una escultura arcaica encontrada en la Acrópolis de un hombre llevando un carnero para ofrecerlo en sacrificio a la diosa Atenea *(ver imagen en la p. 10)*.

Plano

- Primera planta
- Planta baja

3 Icono del arcángel Miguel

Este icono *(izquierda)* de Constantinopla del siglo XIV representa al arcángel con un cetro y un orbe, símbolos del mundo terrenal, sobre un brillante fondo dorado.

4 Colección de manuscritos

Destaca un documento imperial del siglo XIV firmado por el emperador Andrónico II. La cabecera del pergamino tiene una miniatura en la que se ve el emperador ofreciendo el documento a Cristo, y al pie aparece la firma del emperador en tinta roja.

5 Icono-mosaico de la Virgen *(el Episkepsis)*

Este mosaico del siglo XIII muestra a la Virgen y al Niño sobre un fondo dorado que simboliza la luz divina. Los iconos-mosaicos son piezas poco comunes: sólo se conoce la existencia de cuarenta, todos ellos, al igual que éste, encontrados en Constantinopla.

6 Objetos eclesiásticos

Este estuche contiene una cruz de madera de finales del siglo XIV, cubierta con plata y adornada con pequeños iconos, un cáliz de cobre del siglo X y una estola de seda del siglo XIV adornada con figuras divinas bordadas en hilo de seda.

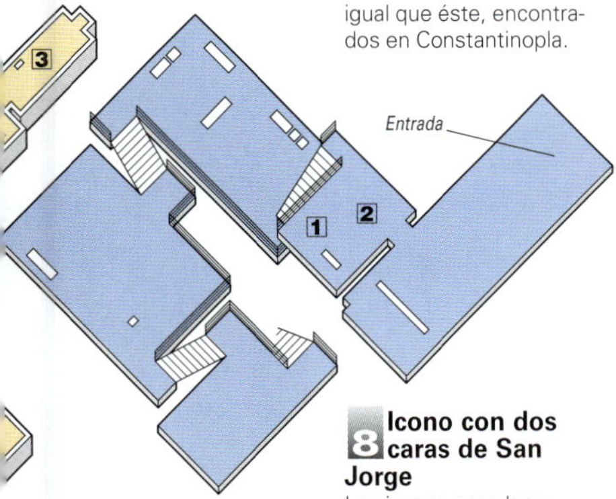

7 Frescos de la iglesia de Episkopi

Estas pinturas de entre los siglos X y XIII muestran escenas bíblicas en tonos apagados. Están dispuestas en la posición que estaban en la iglesia.

8 Icono con dos caras de San Jorge

Los iconos grandes y con dos caras eran inusuales en Bizancio. Este ejemplo del siglo XIII es excepcional: está tallado en tres dimensiones y representa el cuerpo entero.

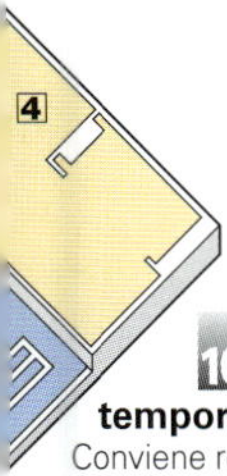

9 Tesoro de Mitilene

Esta colección de joyas, monedas y copas del siglo VI fue descubierta en un barco hundido junto a la isla de Mitilene (Lesbos). Los especialistas creen que estas riquezas se trasladaban a la isla para ser escondidas.

10 Exposiciones temporales

Conviene reservar algo de tiempo para visitar las exposiciones temporales. La iglesia ortodoxa trabaja con instituciones de todo el mundo para recibir obras en préstamo y exponer objetos poco conocidos, como las piezas del monasterio de Santa Catalina en el monte Sinaí.

El Liceo de Aristóteles

El proyecto para edificar la parcela colindante al museo se detuvo cuando se encontraron las ruinas del Liceo de Aristóteles, la escuela fundada por el filósofo para competir con la Academia de Platón. El Museo Bizantino se ha hecho cargo del yacimiento y planea abrirlo al público.

***Nota:** cuando se imprimió esta guía el museo se estaba restaurando, por lo que la ubicación de las exposiciones puede variar*

TOP 10 Colina de Filopapo

Las laderas cubiertas de pinos de la colina de Filopapo ofrecen un laberinto de caminos con agradables sombras que llevan hasta monumentos con siglos de historia. Fue conocida en la antigüedad como la colina de las Musas. El primer día de Cuaresma, cientos de atenienses vuelan aquí sus cometas.

Iglesia de Agios Dimítrios Loumbardiáris

Vista desde Filopapo

Aunque los caminos de la colina de Filopapo resultan seguros durante el día, es mejor evitarlos por la noche.

Hay un agradable café llamado Loumbardiáris entre los árboles situados tras la iglesia de Agios Dimítrios Loumbardiáris.

- *Entrada desde Dionysiou Areopagitou (plano C5)*
- *Plano B6*
- *www.culture.gr*
- *Metro: Akropoli*
- *Gratis*
- *Teatro de Danza Dóra Strátou: actuaciones finales may-fin. sep: ma-sá 21.30, do 20.30. Entradas en el teatro o llamando al 210 324 4395*

Los Top 10

1. Vista desde la cumbre
2. Monumento de Filopapo
3. Prisión de Sócrates
4. Iglesia de Agios Dimítrios Loumbardiáris
5. Pnyx
6. El *deme* de Koile
7. Iglesia de Agía Marína
8. Antiguo observatorio nacional
9. Colina de las Ninfas
10. Teatro de Danza Dóra Strátou

Colina de Filopapo

1 Vista desde la cumbre

La vista tan maravillosa que se consigue tras un sencillo paseo resulta asombrosa. Desde la cumbre se avista la Acrópolis y todo el sur de Atenas, que se extiende hasta el mar. En tiempos fue uno de los lugares estratégicos preferidos por los generales, hoy lo es para los fotógrafos.

2 Monumento de Filopapo

El senador romano Cayo Julio Antíoco Filopapo era un amante de la cultura griega clásica. Se retiró a Atenas, donde murió alrededor del año 114 d.C. Los griegos construyeron esta tumba-monumento de mármol y lo representaron como un ciudadano ateniense rodeado por su familia romana. Su silueta parcialmente destruida *(izquierda)* mira hacia la Acrópolis.

3 Prisión de Sócrates

Se cree que ésta fue la cueva donde Sócrates *(ver p. 36)* fue encarcelado, tras ser condenado a muerte. Sus discípulos permanecieron sentados junto a él mientras bebía la cicuta.

4 Iglesia de Agios Dimítrios Loumbardiáris

En 1648, un comandante otomano planeó bombardear esta iglesia bizantina. Pero un rayo cayó sobre su cañón, hecho que bautizó a la iglesia como "san Dimitri, el bombardero".

Pnyx 5

Aquí se reunía cada semana el primer congreso democrático de la historia, y disertaban los mejores oradores, desde que en el 508 a.C. Atenas se convirtiera en una democracia. El teatro de caliza, excavado en la colina *(derecha)*, tenía capacidad para más de 10.000 personas.

6 El *deme* de Koile

Esta antigua carretera conduce desde la Acrópolis hasta el Pireo, pasando entre las colinas de Filopapo y Pnyx, para seguir el curso de las murallas (siglo V a.C.). Era un camino de dos vías, entre 8 y 12 metros de ancho, con surcos antideslizantes. Se ha excavado un tramo de 500 metros.

7 Iglesia de Agía Marína

Agía Marína está asociada con el alumbramiento y los niños enfermos. Las mujeres embarazadas acuden a ella y se deslizan por una roca para tener un buen parto. Las madres traían a los niños enfermos para que pasaran aquí la noche. Un festival honra a Marína cada julio.

8 Antiguo Observatorio Nacional

El centro de investigación más antiguo de Grecia está ubicado en un hermoso edificio neoclásico *(izquierda)*. Se dedica a la astronomía, el clima y especialmente a los terremotos.

9 Colina de las Ninfas

En épocas antiguas se creía que Filopapo estaba habitada por las musas y que esta colina más pequeña era la morada de las ninfas, las divinidades femeninas que vivían en la naturaleza.

10 Teatro de Danza Dóra Strátou

La compañía de Dóra Strátou recorre el país para aprender y mantener vivos cientos de bailes regionales. En este teatro presentan los movimientos que han formado parte de la cultura griega durante siglos.

Asedio de 1687

Los venecianos, en un intento por asediar la Acrópolis ocupada por los otomanos, se acuartelaron en la colina de Filopapo, el lugar estratégico perfecto para bombardear su objetivo. Por desgracia: una bomba cayó sobre el Partenón, donde los turcos almacenaban la pólvora, y la consiguiente explosión dañó severamente los templos y esculturas de la Acrópolis.

TOP 10 Templo de Zeus Olímpico

Este templo dedicado a Zeus era el más grande de la Grecia peninsular. En su interior, se encontraban dos colosales estatuas de oro y marfil: una del dios y otra del emperador romano Adriano. Aunque la construcción del templo comenzó en el año 515 a.C., la agitación política retrasó su finalización casi 700 años. Para agradecer a Adriano que lo terminara, los atenienses levantaron en 313 d.C. un arco situdo cerca del templo cuya inscripción anuncia el derecho de Adriano sobre la ciudad.

Columnas conservadas del templo de Zeus Olímpico

La mejor luz para fotografiar los capiteles de las columnas se consigue entre las 15.00 y 16.00.

Para comer algo, se puede cruzar la calle hacia los jardines Zappeion donde se encuentra el elegante café-restaurante Aigli y otra serie de cafés repartidos por el parque.

- *Vas. Olgas en Amalias*
- *Plano L5*
- *210 922 6330*
- *www.culture.gr*
- *Horario: verano 8.30–19.00 todos los días; invierno 8.30–15.00 todos los días*
- *Entrada: 2 €*

Los Top 10

1. Templo de Zeus Olímpico
2. Arco de Adriano
3. Ruinas de casas
4. Puertas de Temístocles
5. Baños romanos
6. Muralla de Valerio
7. Templo de Apolo Delphinios y Artemisa Delphinia
8. Tribunal en el Delphinion
9. Templo de Crono y Rea
10. Templo de Zeus Panhellenios

1 Templo de Zeus Olímpico

Hace mucho que se venera a Zeus en este lugar y hay constancia de que al menos hubo otro templo anterior dedicado a este dios. Se conservan 16 magníficas columnas de las 104 originales.

2 Arco de Adriano

El emperador Adriano mandó inscribir en el lado occidental del arco *(abajo)* "Ésta es Atenas, la antigua ciudad de Teseo", y en el lado oriental "Ésta es la ciudad de Adriano y no de Teseo", para diferenciar la ciudad de leyenda de la realidad moderna.

3 Ruinas de casas

Las antiguas tuberías, los cimientos y los objetos domésticos muestran que hubo gente que habitó en este lugar entre el siglo V a.C. y el siglo II d.C., el periodo de tiempo que se tardó en construir el templo.

4 Puertas de Temístocles

Alrededor del yacimiento hay restos de la muralla construida por el gobernador Temístocles en el año 479 a.C., para defender Atenas de los continuos ataques de los persas.

5 Baños romanos

Entre las numerosas ruinas del lugar, se encuentran estos antiguos cimientos *(izquierda)*. Se trata de los baños romanos mejor conservados de Atenas. En otro tiempo tuvieron un suelo de mosaico de colores.

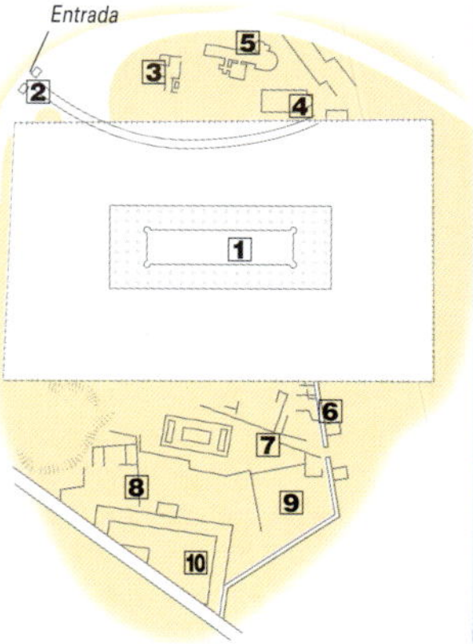

6 Muralla de Valerio

El emperador romano Valerio mandó construir esta muralla *(abajo)* en el siglo III d.C. Muchos de los templos que rodeaban la muralla fueron demolidos para emplear su mármol en la construcción.

7 Templo de Apolo Delphinios y Artemisa Delphinia

Este templo fue construido en honor a los dioses hermanos Apolo y Artemisa, representados con forma de delfín.

9 Templo de Crono y Rea

Este templo dedicado a los padres de Zeus fue levantado en el siglo V a.C.; hoy sólo se conservan los cimientos. Rea salvó a Zeus de Crono, y más tarde Zeus se convirtió en señor de los dioses.

8 Tribunal del Delphinion

Se piensa que este tribunal del 500 a.C., hoy prácticamente en ruinas, ocupa el solar del palacio del mítico rey Egeo, padre de Teseo *(ver p. 39)*.

10 Templo de Zeus Panhellenios

Adriano promovió el culto a Zeus Panhellenios (señor de todos los griegos) y se emparentó con el dios. Las ofrendas se entregaban en este templo, más tarde demolido para construir la muralla de Valerio.

¿Por qué se tardó en construir?

El tirano Pisístrato comenzó este templo en el año 515 a.C. para someter a los atenienses. Tras su caída, los demócratas se negaron a terminar lo que veían como un monumento a un odiado tirano. En el año 174 a.C., el rey Antíoco IV retomó la obra, pero volvió a detenerse tras su muerte en 163 a.C. El templo se terminó con la llegada de Adriano al poder en 124 d.C.

Izquierda **La antigua Atenas** Derecha **Soldados alemanes en la Acrópolis durante la II Guerra Mundial**

TOP 10 Hitos históricos

1 Nacimiento de Atenas

Los primeros habitantes de la Acrópolis llegaron en el neolítico (alrededor de 3000 a.C.) y, tras ser fortificada por los micénicos (habitantes del sureste de Grecia) en 1400 a.C. comenzó a tomar forma de ciudad.

2 Edad de oro

Durante los siglos VI y V a.C. la ciudad-Estado se convirtió en un poder colonial. En época de Pericles (495-429 a.C.), Atenas levantó grandes construcciones como el Partenón, el Erecteion y el templo de Niké. La vida cultural e intelectual floreció hasta que Esparta derrotó a Atenas en la guerra del Peloponeso (431-404 a.C.).

3 La Atenas romana

El dominio romano comenzó en el año 146 a.C. y duró cinco siglos. Los atenienses mantuvieron en un principio buenas relaciones con sus invasores, pero en el año 86 a.C. los romanos aplastaron brutalmente un potencial movimiento por la independencia de Atenas. El emperador Adriano (76-138 d.C.) fue un gran admirador de la cultura griega y junto al erudito griego Herodes Ático realizó varios proyectos, entre ellos un magnífico teatro *(ver p. 9)*.

4 Periodo bizantino

Cuando el territorio romano se dividió en los imperios de oriente y occidente en el año 395 d.C., Grecia quedó en la parte oriental, formando parte del imperio bizantino. Se clausuraron las escuelas filosóficas paganas y muchos templos se transformaron en iglesias.

5 Los otomanos invaden Atenas

Los turcos otomanos invadieron Atenas en 1458, y los ciudadanos fueron violentamente oprimidos. Después de bombardear el Partenón, los venecianos controlaron la ciudad durante un breve periodo en 1687. Durante el siglo XVIII, artistas y escritores ingleses y franceses visitaron Atenas, participando en un renacimiento cultural pero también llevándose numerosas obras de arte antiguas.

6 Guerra de la independencia

En 1821, los griegos se rebelaron contra la dominación otomana, en un principio solos, y a partir de 1827 con la ayuda de Gran Bretaña, Francia y Rusia. Aunque la guerra finalizó en 1829, los otomanos conservaron la Acrópolis hasta 1834, año en el que el nuevo rey Otto I entró en la ciudad. Atenas se convirtió en la capital del nuevo Estado griego y fue reconstruida en su mayoría en estilo neoclásico.

7 II Guerra Mundial

Mussolini declaró la guerra a Grecia en octubre de 1940 y el ejército alemán entró en Atenas en abril de 1941, izando la cruz gamada sobre la Acrópolis.
El tercer *reich* utilizó el hotel Grande Bretagne *(ver p. 140)* como cuartel general.

Izando la bandera de la independencia

8 Periodo posterior a la II Guerra Mundial

Tras la II Guerra Mundia se declaró la guerra civil en Grecia. Estados Unidos envió ayuda, con la condición de que la izquierda comunista no llegara al poder. Entre 1950 y 1970 Atenas vivió una rápida industrialización y una inmigración masiva desde las zonas rurales.

9 Dictadura militar

En abril de 1967, el golpe de Estado liderado por Georgios Papadópoulos llevó a la instauración de una Junta Militar que duró siete años. Las protestas estudiantiles del 17 de noviembre de 1973 fueron reprimidas violentamente por los militares. El régimen cayó en 1974, tras un intento fallido de tomar Chipre.

10 La Atenas actual

Grecia se unió a la UE en 1981. En 1985, Atenas fue la primera capital cultural europea. Gracias a la celebración de los Juegos Olímpicos de 2004, de gran éxito, la ciudad ha mejorado sus instalaciones deportivas y culturales, así como la infraestructura del transporte.

Los 10 principales atenienses

1 Atenea
En la mitología de la Antigua Grecia, Atenea *(ver pp. 38-39)* era la patrona de Atenas.

2 Teseo
Legendario rey ateniense, protector de los débiles, que encarnaba la inteligencia, la buena fortuna y el heroísmo.

3 Dracón
En el siglo VII a.C., Dracón estableció el primer código legal; la pena de muerte se aplicaba incluso a los delitos triviales.

4 Solón
Solón (c. 638-559 a.C.) suavizó las leyes de Dracón y dio la ciudadanía a las clases bajas.

5 Clístenes
Clístenes, de 570-507 a.C. abolió el control de la aristocracia y lo reemplazó por una asamblea democrática.

6 Temístocles
Este general (c.527-460 a.C.), defensor de la democracia, convirtió a Grecia en una potencia marítima.

7 Pericles
Pericles (c.495-429 a.C.), impulsor de la edad de oro griega, llevó a los ciudadanos más pobres a la asamblea, embelleció Atenas y expandió el imperio.

8 Aspasia
La cortesana Aspasia, compañera de Pericles, se movía en los círculos intelectuales y políticos dominados por hombres.

9 Demóstenes
El mejor orador griego (384-322 a.C.) superó un defecto del habla practicando su pronunciación con piedras metidas en la boca.

10 Melina Mercoúri
Actriz (1925-1994) que se opuso a la Junta. Se convirtió en ministra de cultura.

Grandes filósofos y escritores de Atenas **ver pp. 36-37**

Izquierda **Banquete de Platón** Centro **Eurípides** Derecha **Aristóteles**

TOP 10 Filósofos y escritores

Sócrates

1 Homero c.700 a.C.

Se sabe muy poco del literato más importante de la época arcaica. Se ignora si fue autor o simplemente recopilador de *La ilíada* y *La odisea*. Estos poemas, que se mantuvieron vivos en la tradición oral, se sitúan entre los más importantes de la literatura.

2 Esquilo 525-456 a.C.

Cuando el fundador de la tragedia comenzó a escribir, el teatro acababa de nacer. Implantó el escenario y el vestuario e introdujo un segundo actor, lo que dio lugar al diálogo dramático. Sus tragedias más famosas son *Prometeo encadenado* y *La orestíada*.

3 Sófocles 496-406 a.C.

Sólo se conservan siete obras de Sófocles, de las cuales destacan: *Antígona, Edipo en Colona* y *Edipo rey*. Esta última aborda el mito de Edipo, el rey al que el destino ha condenado a matar a su padre y casarse con su made. Es una de las obras maestras de la tragedia griega.

4 Eurípides 484-407 a.C.

Eurípides es el tercero del gran triunvirato de autores griegos de tragedias. Escribió reinterpretaciones de los mitos antiguos en los que los hombres soportaban el sufrimiento sin referencia a los dioses o el destino. Sus obras más famosas, *Las bacantes* y *Medea,* tienen por protagonistas a mujeres que matan a sus hijos.

5 Sócrates 470-399 a.C.

Aunque el propio Sócrates no dejó ningún texto escrito, sus enseñanzas, recogidas por historiadores y especialmente por su pupilo Platón, le han valido el título de precursor de la filosofía occidental. En el apogeo de la edad de oro de Atenas, el primer filósofo debatía los grandes temas en el ágora. Sufrió la desconfianza de muchos coetáneos, y se le llevó a juicio por corromper la moral de la juventud ateniense con sus ideas. Fue condenado a muerte *(ver p. 30)*.

Homero

6 Aristófanes 447-385 a.C.

El mejor autor de comedias de Grecia conoció la fama en la juventud, tras la etapa de las grandes tragedias. Su divertida y atrevida *Lisístrata*, en la que las mujeres de Esparta y Atenas, en guerra en ese momento, se niegan a dormir con sus maridos hasta que no cese la lucha, es uno de los mejores mensajes antibélicos de todos los tiempos.

7 Platón 428-348 a.C.

Si Sócrates fue el precursor de la filosofía occidental, Platón levantó sus cimientos. Sus escritos, desde los primeros diálogos que recogen las enseñanzas de Sócrates hasta sus últimas obras como *La República,* constituyen los primeros pasos escritos de la historia de la filosofía.

8 Aristóteles 384-322 a.C.

Aristóteles, alumno de Platón, fue a su vez tutor de Alejandro Magno. Más tarde creó el Liceo, competidor de la Academia de Platón. Su *Poética* sigue siendo un tratado de teoría literaria fundamental, y *Ética a Nicómaco* se encuentra entre los mejores tratados de ética.

9 Nikos Kazantzakis 1883-1957

Millones de personas se han sentido atraídas por el espíritu extraño, feliz y agridulce de la Grecia moderna tal y como la representó Kazantzakis en su obra más famosa, *Zorba el Griego. La última tentación de Cristo* tiene un humor más oscuro. También realizó una audaz prolongación del clásico relato griego en *La odisea: continuación moderna.*

10 Giorgos Seferis 1900-1971

El primer griego premiado con el Nobel nació en Smyrna, más tarde reclamada por Turquía. Su poesía está inspirada en la historia y los sentimientos del exilio. Su trabajo también relata el pasado clásico de Grecia hasta su presente, como en *Mythistorema,* una serie de poemas basados en *La odisea.*

Los 10 mejores libros

1 *La ilíada,* Homero
Se trata de una gran epopeya que recoge la guerra de Troya.

2 *La odisea,* Homero
Sigue las aventuras del héroe de Troya, Odiseo (Ulises para los latinos), que regresa a su hogar tras la guerra.

3 *La orestíada,* Esquilo
Es la única trilogía conservada del autor, recoge la locura y los asesinatos que desencadenan el sacrificio de Ifigenia.

4 *Edipo rey,* Sófocles
Relata cómo lo vaticinado por el oráculo se cumple: Edipo mata a su padre y se casa con su madre.

5 *La república,* Platón
La obra de madurez de Platón en los que aborda sus temas recurrentes: la política, la ontología y la educación.

6 *Constitución de Atenas,* Aristóteles
Una obra que combina la política democrática de Atenas con la estructura arquitectónica del ágora.

7 *Historia de la guerra del Peloponeso,* Tucídides
Relato mes a mes y batalla a batalla de este conflicto, contado por un oficial ateniense.

8 *Historia,* Herodoto
El padre de la historia recoge en nueve volúmenes la historia de Persia y las guerras médicas.

9 *Descripción de Grecia,* Pausanias
El primer escritor de viajes recopiló observaciones de toda Grecia en su viaje del siglo II.

10 *Zorba el Griego,* Nikos Kazantzakis
La novela griega moderna más famosa gracias a su adaptación al cine.

Hitos en la historia del teatro y la música **ver pp. 64-65**

Izquierda **Perseo matando a Medusa** Centro **Atenea** Derecha **Zeus y Hera**

Top 10 Mitos atenienses

1 Nacimiento de Atenea

Cuando Zeus fecundó a su amante Metis, le dijeron que ella tendría un hijo que lo derrocaría. Como medida preventiva, Zeus devoró a Metis, pero el hijo que llevaba dentro continuó creciendo en la cabeza de Zeus. Tras nueve meses, Hefesto abrió con un hacha la cabeza del dios y apareció la diosa Atenea completamente armada.

2 Patronazgo de Atenas

Atenea y Poseidón, dios del mar, compitieron por el patronazgo de esta gran ciudad del Ática ofreciendo sus mejores regalos. Poseidón clavó su tridente en la roca del Acrópolis y de allí brotó agua salada. Atenea ofreció el olivo, símbolo de la paz, con lo que ganó el juicio de los dioses del Olimpo, y obtuvo la ciudad.

3 Nacimiento de Erictonio

Hefesto intentó violar a Atenea pero sólo consiguió derramar su semen sobre la pierna de la diosa. Atenea lo dejó caer sobre la tierra, donde creció el bebé Erictonio (nacido de la tierra). Atenea lo crió para convertirlo en rey, y se le considera el primer antepasado de los atenienses.

4 Violación de Filomela

El hijo de Erictonio, Pandión, tuvo dos hijas, Procne y Filomela. El marido de ésta, Tereo, violó a Filomela y le cortó la lengua. Procne se vengó sirviéndole a Tereo la carne de su hijo. Los dioses los convirtieron en pájaros: a Filomela en golondrina, a Procne en ruiseñor y a Tereo en abubilla.

5 El juicio de Orestes

Orestes, después de matar a su madre Clitemnestra (como venganza por haber asesinado a su padre Agamenón), fue perseguido hasta Atenas por las furias (diosas de la venganza del averno). Atenea decretó que en vez de ser asesinado, Orestes debía ser juzgado. Este juicio marcó una inflexión, ya que sustituye las venganzas sangrientas por el orden de la ley.

6 Atenea y Aracne

Como diosa del hilado y el tejido, Atenea decidió ayudar a una tejedora pobre pero con talento llamada Aracne. Esta muchacha, que era muy vanidosa, comenzó a recibir la admiración de los demás sin reconocerle el mérito a la diosa. Acabaron por retarse ambas a una competición para ver quién tejía mejor. El trabajo de Aracne mostraba los amores inapropiados de los

Teseo matando al minotauro

dioses; Atenea, furiosa de indignación, convirtió a la joven en la primera araña.

7 Llegada de Teseo a Atenas

Teseo, hijo del rey ateniense Egeo, fue criado en secreto lejos de la corte. A los 16 años y armado con una espada legada por su padre, Teseo partió hacia Atenas, matando por el camino a docenas de monstruos que aterrorizaban el Ática. Se convirtió en el principal rey y héroe de Atenas.

8 Teseo mata al minotauro

Al morir en Atenas el hijo de Minos, rey de Creta, declaró la guerra a su hermano Egeo. Éste aceptó la paz a cambio de enviar cada nueve años un tributo de 14 jóvenes y doncellas para sacrificarlos al monstruoso minotauro. Al llegar el tercer pago, Teseo pidió ser enviado y, con la ayuda de la hija de Minos, Ariadna, mató al minotauro.

9 Muerte de Egeo

Teseo había acordado con su padre que si su lucha contra el minotauro tenía éxito, a la vuelta cambiaría las velas negras del barco por unas blancas. Pero, el joven héroe lo había olvidado. Cuando Egeo, atento al barco que llegaba desde Sunio, vio las velas negras, sintió una profunda pena y se lanzó al mar (ahora llamado Egeo) para morir.

10 Perseo mata a Medusa

Perseo era hijo de Zeus y la doncella Dánae. El tirano Polidectes deseaba conseguir a Dánae, pero Perseo se interponía, llegándole a prometer la cabeza de serpientes de Medusa a cambio de la seguridad de su madre. Perseo consiguió decapitar a Medusa con la ayuda de Atenea y Hermes y a su regreso, convirtió a Polidectes en piedra. Después regaló la cabeza de Medusa a Atenea.

Dioses y monstruos

1 Zeus
El dios supremo del Olimpo gobernó los cielos y engendró cientos de héroes y dioses.

2 Poseidón
El dios del mar era hermano de Zeus, y en ocasiones se mostraba como su mayor rival.

3 Atenea
La hija de Zeus era la diosa guerrera virgen de la sabiduría y la filosofía. También era diosa del tejido y patrona de Atenas.

4 Apolo
El bello dios de la música y la poesía acabó apadrinando todas las artes y sus musas.

5 Artemisa
La virginal hermana gemela de Apolo era la diosa de la luna y la caza.

6 Afrodita
Afrodita era el opuesto de Artemisa: la temperamental diosa del amor tuvo docenas de aventuras.

7 El minotauro
La reina de Creta, Pasifae, concibió este monstruo con cabeza de toro y cuerpo humano con un toro enviado por Poseidón.

8 Los cíclopes
El más famoso de estos gigantes con un solo ojo es Polifemo, el monstruo cegado por Ulises en *La odisea*.

9 Las sirenas
Las sirenas con sus cautivadores cantos estuvieron a punto de llevar a los marineros de Ulises hacia la muerte.

10 Medusa
Su mirada convertía a los hombres en piedra. Perseo la derrotó con el escudo de Atenea, en el que pudo mirarla, y el casco de Hermes que hacía invisible a quien lo portara.

Izquierda **Relieve de un trirreme** Derecha **Máscara teatral**

TOP 10 Inventos griegos

1 Juegos Olímpicos

Los primeros Juegos registrados se celebraron en las llanuras de Olimpia en el año 776 a.C. Se dedicaron a Zeus, duraron un día e incluían carrera y lucha. En 472 a.C., se añadió el boxeo, el pancracio (otra forma de combate cuerpo a cuerpo), las carreras de caballos y el pentatlón (prueba con carrera de velocidad, salto, jabalina, disco y lucha), el acontecimiento se prolongó cinco días y siguió celebrándose cada cuatro años.

2 Trirreme ateniense

Los trirremes, obras maestras de la construcción naval antigua (c.700-500 a.C.), fueron la clave de la fuerza naval de Atenas. Con aproximadamente 40 m de largo y 5 m de ancho, se caracterizaban por su gran velocidad, alcanzando hasta 12 nudos a la hora. Los barcos eran impulsados por 170 remeros sentados en tres hileras. Las hileras se alternaban en turnos breves para no agotarse al mismo tiempo. Estas embarcaciones iban también equipadas con velas, que se arriaban durante la batalla.

3 Democracia

La *demokratia* (el poder del pueblo) como forma de gobierno fue introducida en Atenas bajo el gobierno de Clístenes (570-507 a.C.). Todos los hombres adultos y libres nacidos en Atenas tenían derecho a asistir a la asamblea –que se reunía en la colina Pnyx– y a participar en la toma de decisiones políticas. La asamblea se reunía unas 40 veces al año, y era necesario que estuvieran presentes 6.000 ciudadanos para que una votación fuera válida.

Ánfora que muestra una carrera

4 Teatro

La forma más antigua de teatro se remonta a un antiguo ritual pagano griego, que evolucionó hasta tal punto que en el s. VI a.C. se celebraba ya un concurso de teatro anual *(ver p. 64)*. Las obras se representaban al aire libre y a la luz del día en anfiteatros, y los actores lucían una serie de máscaras para los diferentes personajes. Las obras más antiguas enfatizaban valores como el patriotismo, la veneración a los dioses y la libertad.

5 Teorema de Pitágoras

"El cuadrado de la hipotenusa de un triángulo rectángulo es igual a la suma de los cuadrados de los catetos." Este teorema, formulado por el filósofo y matemático Pitágoras (585-495 a.C.), fue un importante descubrimiento científico, que permitió extraordinarios avances en matemáticas, geometría y astronomía.

6 Juramento hipocrático

Este juramento, atribuido al padre fundador de la medicina, el físico griego Hipócrates (460-377 a.C.), prohíbe a los médicos practicar el aborto, la eutanasia o la cirugía (que sólo debe ser realizada por cirujanos); obliga a abstenerse de tener relaciones sexuales con los pacientes o de seguir prácticas corruptas; y defiende el secreto profesional. Los médicos hacían este juramento hasta 1948, año en el que la Asociación Médica Internacional elaboró un juramento moderno llamado Declaración de Génova.

Pitágoras

7 Catapulta

Inventada por Dioniso el Viejo de Siracusa (430-367 a.C.), la catapulta puede arrojar objetos pesados y lanzar flechas a grandes distancias. Tras conseguir el poder en Sicilia, Dioniso comenzó a expulsar a los cartaginenses, que controlaban una parte importante de la isla. Su éxito se debió en parte a la catapulta, y convirtió a Siracusa en la mayor potencia de la Italia griega. Más tarde los romanos perfeccionaron la catapulta, añadiéndole ruedas que facilitaran su movilidad.

8 Tornillo de Arquímedes

Arquímedes (287-212 a.C.), matemático griego nacido en Siracusa, inventó una ingeniosa bomba de agua conocida como tornillo de Arquímedes. Consistía en un tubo enrollado alrededor de un eje, colocado de forma inclinada, con un extremo bajo el nivel del agua y el otro extremo en un mango. Al girar el mango, se mueve todo el aparato y el tubo recoge el agua que de este modo asciende.

9 Fuego griego

Ésta era el arma secreta del imperio bizantino, utilizada contra los barcos enemigos. El fuego griego era una sustancia de aspecto gelatinoso altamente inflamable y que no podía apagarse con agua. Se lanzaba a través de unos tubos de bronce instalados en la proa de las galeras bizantinas. Se empleó por primera vez para repeler una flota árabe que atacó Constantinopla en 673, y luego se utilizó con éxito en combate hasta que cayó el imperio en 1453. A día de hoy, los científicos no están seguros de su composición exacta pero piensan que probablemente llevaba petróleo líquido, sulfuro, nafta y cal viva.

Teatro de Dionisos

10 Método de Papanicolaou

Desde 1943, el cáncer de cuello uterino se detecta utilizando el método de Papanicolaou, una prueba ginecológica bautizada con el nombre de su inventor, el médico griego-americano George Papanicolaou (1883-1962).

Izquierda **Detalle del friso del Partenón** Derecha **Frontón de la Academia de las Artes**

TOP 10 Estilos artísticos

1 Cicládico, 3200-2200 a.C.

La prehistórica civilización cicládica prosperó en las islas Cícladas (Naxos, Paros, Amorgos, Santorini y Keros) durante 1.000 años, antes de desaparecer. Dejó tras de sí cientos de figurillas de mármol; la mayoría son formas femeninas angulares y minimalistas.

Figura cicládica

2 Minoico, 2000-1100 a.C.

Uno de los dos principales artes prehelénicos fue el elaborado por los minoicos, originarios de Creta. Su cerámica es policroma y está pintada con líneas sueltas formando motivos naturales. Los palacios se adornaban con frescos que representaban personas, animales y motivos de fantasía. En su época más reciente también confeccionaban cerámica vidriada y joyas.

3 Micénico, 1500-1300 a.C.C

El segundo arte prehelénico fue el desarrollado por la cultura micénica, localizada en el Peloponeso. Trabajaban materiales lujosos. Sus palacios guardaban espadas, dagas y copas de oro repujado y en las tumbas enterraban máscaras de oro y vasijas pintadas con imágenes de guerreros.

4 Geométrico, s. VIII-s. VII a.C.

Con la desaparición de la civilización micénica, se entró en la época oscura; Grecia quedaba habitada por pequeñas poblaciones. Este arte debe su nombre a los diseños geométricos que adornaban las vasijas. También comenzaban a aparecer las primeras representaciones figurativas humanas. La pieza más importante es la enorme vasija funeraria del siglo VIII a.C. del Museo Arqueológico Nacional.

5 Arcaico, finales s. VII-s. V a.C.

La época arcaica trae un florecer del arte y la cultura. Se comienzan a construir los primeros templos, y surgen los órdenes dórico y jónico sucesivamente. Estas edificaciones se adornan con esculturas de hombres *(kuroi)* y mujeres *(korai)* jóvenes. Realizadas con propósitos religiosos, muestran una fuerte influencia del arte egipcio: rígidas y estáticas, frontales y con los brazos junto al cuerpo.

6 Clásico, 500-320 a.C.

El estilo clásico es el momento de los grandes escultores, como Fidias. Triunfa la figura en movimiento, las esculturas demuestran un gran conocimiento de la anatomía humana. Se impone el canon de belleza clásico: la cabeza es la séptima parte del cuerpo. Los templos se construían de

***El moscóforo* (portador del carnero), periodo arcaico**

Cabeza helenística

acuerdo a proporciones matemáticas del orden corintio y se adornaban con relieves que rompían la tradición y parecían salirse del mármol.

7 Helenístico, 320 a.C.-siglo I d.C.

El arte griego se abre a nuevas influencias procedentes de las ciudades helenísticas de oriente, conquistadas para el imperio de Alejandro Magno. El escultor Lisipo marca una tendencia hacia una mayor naturalidad de la figura y al juego de la postura en el espacio.

8 Bizantino, 324-1453

El arte bizantino está fuertemente influenciado por la Iglesia ortodoxa, por lo que la mayor parte de su producción son representaciones cristianas. Se realizaban ricos y coloridos mosaicos, frescos, iconos y objetos religiosos con valiosos materiales. La construcción típica es la basílica.

9 Influencia otomana, 1453-1821

Bajo el dominio turco, la cultura y el arte fueron reprimidos, pero el arte popular se conservó, incorporando y transformando algunos aspectos de la cultura de los conquistadores, como las joyas de plata y la orfebrería y las alfombras, tapices y bordados. Algunos artistas se refugiaron en las islas que estaban bajo protección veneciana.

10 Neoclásico, 1821-principios siglo XX

Tras derrotar a los invasores otomanos, Grecia comenzó su reconstrucción, volviendo a las formas proporcionadas clásicas. Muchos de los edificios modernos más importantes de Atenas se construyeron siguiendo este modelo.

Los 10 principales términos artísticos

1 *Kouros* y *Koré*
Las primeras esculturas del arte propiamente helénico: un *kouros* era un joven y una *koré*, una doncella.

2 Capitel
Parte alta de la columna. Hay tres órdenes griegos: dórico, un sencillo bloque; jónico, una voluta tallada; y corintio, con hojas de acanto.

3 Cariátides
Columnas esculpidas como esculturas de mujeres. Las más famosas son las del Erecteion, en la Acrópolis.

4 Frontón
Remate triangular en la fachada de un templo, donde a menudo se tallan esculturas.

5 Friso
Banda horizontal continua que remata las paredes antes de la cornisa, tallada con motivos florales, geométricos o de otro tipo.

6 Crátera
Vasija grande de cerámica o bronce para mezclar el vino y el agua, suele estar bellamente decorada.

7 Figuras negras
A lo largo del s. IV a.C. el estilo para pintar las vasijas consiste en grabar figuras negras sobre la cerámica roja vidriada.

8 Figuras rojas
A finales del s. IV, los contornos de las figuras se pintan con rojo vidriado sobre un fondo negro.

9 Fresco
Pintura realizada directamente sobre la escayola húmeda de una pared o techo.

10 Icono
Imagen religiosa de veneración bizantina y cristiana, pintada sobre madera.

Izquierda **Ágora** Centro **Estación de metro Syntagma** Derecha **Kerameikós**

TOP 10 Yacimientos arqueológicos

1 Acrópolis

Si sólo se va a estar un día en Atenas, éste es el lugar que se debe visitar. Los templos, especialmente el magnífico Partenón construido en honor a Atenea, son la referencia arquitectónica más importante de la cultura europea *(ver pp. 8-9 y 69).*

Torre de los Vientos

2 Nuevo Museo de la Acrópolis

Este museo se ha levantado sobre un asentamiento romano tardío y bizantino temprano. El yacimiento cuenta con casas y al menos una fuente y un depósito, algo poco habitual en una ciudad tan seca como ésta. Una pasarela a través del yacimiento y los suelos de cristal del museo permiten a los visitantes apreciarlo desde todos los ángulos como una fascinante yuxtaposición a las piezas del interior del museo *(ver pp. 10-11 y 69).*

Teatro de Herodes Ático en la Acrópolis

3 Templo de Zeus Olímpico

Este colosal templo dedicado a Zeus fue encargado en el año 515 a.C. y se tardó casi 700 años en terminarlo; durante este tiempo, se levantaron a su alrededor muchos otros edificios: templos, baños y un tribunal *(ver pp. 32-33).*

4 Estación de metro Syntagma

A finales de los noventa, Atenas emprendió una obra de ingeniería difícil de acometer en una ciudad llena de restos arqueológicos: la creación de un metro largamente aplazado, esencial para acoger los Juegos Olímpicos. Muchos temían que el proyecto dañara el entorno. La estación de metro Syntagma fue un brillante arreglo: es moderna y reluciente. Una pared de cristal separa y a la vez acerca al yacimiento, con explicaciones detalladas de sus antiguas capas *(ver p. 95).*

5 Foro romano y torre de los Vientos

Este yacimiento cuenta con una disposición en capas de lo más interesante. Entre los edificios y restos se encuentra la ingeniosa torre de los Vientos del año 50 a.C., el foro romano del siglo I d.C. y una mezquita construida por los otomanos *(ver pp. 20-21).*

6 Biblioteca de Adriano

Adriano construyó este lujoso edificio con columnas corintias en el año 132 d.C. La mayor parte del espacio estaba ocupada por un sombreado patio de mármol con jardines y un estanque. Había también salas de lectura y música y un teatro. La biblioteca en sí se encontraba en el extremo este, donde se pueden ver los huecos de mármol que guardaban los rollos manuscritos *(ver p. 80).*

7 El ágora

El ágora, la plaza pública en la que los filósofos disertaban, los comerciantes discutían y los hombres de Estado parlamentaban sobre la primera democracia, fue el corazón de la ciudad durante 600 años. Éste es uno de los yacimientos más ilustrativos de Atenas e incluye el templo de Hefesto, el templo griego antiguo mejor conservado *(ver pp. 12-13).*

8 Kerameikós

No hay que perderse este fascinante yacimiento situado alrededor de las antiguas murallas de Atenas. Contiene evidencias de todas las actividades que se desarrollaban en los límites de la ciudad: tumbas (elevados túmulos circulares para los héroes de guerra y estatuas de mármol para los hombres de Estado), templos, grandes vías, talleres de cerámica y un burdel. Es un oasis de sombra en el congestionado centro de la ciudad *(ver pp. 26-27).*

9 Kesariani

Este monasterio del siglo XII situado en las laderas del monte Himeto ofrece una hermosa visita de un día (se aconseja disponer de coche). La capilla, dedicada a la Virgen, está construida sobre unas ruinas clásicas y los muros están decorados con mampostería esmaltada y cuadros de finales del siglo XVII. Se dice que la fuente con cabeza de carnero cura la infertilidad *(ver p. 49).*
Plano T2 • 210 723 6619 • Horario: todos los días 9.00-atardecer

Templo de Poseidón

10 Templo de Poseidón

El santuario de mármol al dios del mar, situado en la cumbre del cabo Sunio y rodeado por el Egeo, es uno de los lugares más extraordinarios del país. Se construyó en el siglo V a.C. Al atardecer se puede contemplar una vista espectacular. *A 70 km al sur de Atenas, en la carretera de Sunio • Plano T3 • 229 20 39 363 • Horario: todos los días 8.00-atardecer*

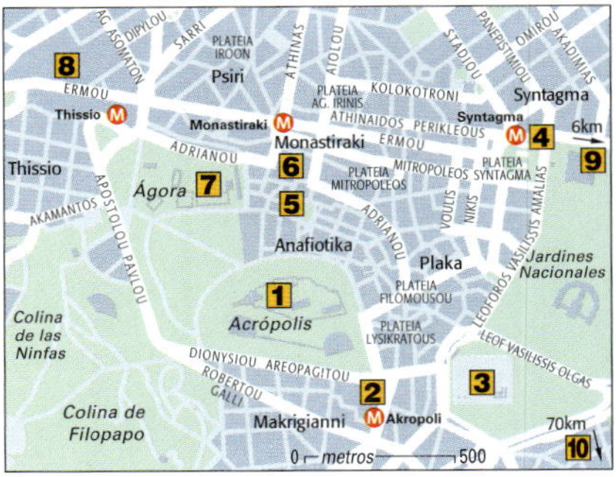

Izda **Nuevo Museo de la Acrópolis** Centro **Tienda del Museo Benáki** Dcha **Museo de la Guerra**

TOP 10 Museos

Museo Arqueológico Nacional

1 Museo Arqueológico Nacional

Uno de los museos más importantes del mundo, se encuentra repleto de un impresionante conjunto de tesoros procedentes de las civilizaciones antigua y clásica griegas. No hay que perderse los exquisitos frescos de Thíra del siglo XVII y el tesoro de oro de los espléndidos micénicos *(ver pp. 16-17)*.

2 Museo del Ágora

Este fascinante despliegue de hallazgos encontrados en la plaza pública de la ciudad se centra en piezas relacionadas con los primeros tiempos de democracia, incluida la declaración inscrita sobre mármol de que regiría un gobierno democrático y no una tiranía *(ver pp. 14-15)*.

3 Museo de Instrumentos Musicales Griegos

La variedad de instrumentos musicales griegos no se reduce al *bouzouki* que punteó el tema de *Zorba el Griego*. La tradición musical griega ha filtrado la fuerte influencia de Turquía y Asia a través de la particular sensibilidad helena. Este conjunto de hermosos instrumentos incluye liras bizantinas talladas, laúdes de marfil y flautas gitanas *(ver p. 70)*.

Museo del Ágora

4 Nuevo Museo de la Acrópolis

Este museo de hermoso diseño se ha construido en parte para ofrecer una sede nueva y adecuada para las famosas esculturas de mármol de la Acrópolis, y en parte como táctica para obligar a Gran Bretaña a devolver los mármoles del Partenón, que actualmente se encuentran en el British Museum *(ver pp. 10-11)*.

5 Museo de Arte Popular Griego

Esta rica colección de artesanía popular griega recoge piezas desde 1650 hasta la actualidad, entre las que se incluyen tapices, bordados, trajes regionales, marionetas de sombras y suntuosas joyas con filigranas. Destaca también una original sala llena de frescos del artista Theófilos Khatzmikhail, transportados desde su casa en la isla de Lesbos *(ver p. 70)*.

6 Museo Benáki

En este museo se puede seguir, a través de su fantástica colección, la evolución del arte y la cultura griegos desde la antigüedad hasta mediados del siglo XX. Las muestras, excelentemente presentadas, se encuentran en una preciosa mansión neoclásica de la adinerada familia Benáki *(ver pp. 22-23)*.

7 Museo de Arte Cicládico

La civilización cicládica, procedente de las islas del Egeo, floreció al mismo tiempo que los primeros egipcios y mesopotámicos. Su producción artística se caracteriza por la creación de pequeñas figuras estilizadas, de líneas depuradas. Generalmente, son representaciones femeninas que se cree que estaban asociadas a un culto matriarcal. En este museo se encuentra la mayor colección del mundo de este arte *(ver pp. 18-19)*.

8 Museo Bizantino

Otro de los mejores museos del mundo. El Museo Bizantino dispone de más de 15.000 objetos procedentes de las principales iglesias y monasterios bizantinos de todo el planeta, incluidas esculturas, manuscritos, iconos, frescos y preciosos e intrincados objetos eclesiásticos de oro, plata y con joyas incrustadas *(ver pp. 28-29)*.

9 Museo de la Guerra

Extensa recopilación que ilustra la historia de la guerra en Grecia; comienza con hachas de guerra prehistóricas, pasa por los planes de batalla de Alejandro Magno y la guerra de

Museo Bizantino

independencia griega y llega hasta el presente. La colección Saroglos incluye aceros medievales, floretes renacentistas, pistolas de duelo, cimitarras turcas grabadas y espadas de samurái. La información sólo se ofrece en griego *(ver pp. 96-97)*.

10 Museo Nacional de Arte

Es el museo de arte más importante de Grecia en el que se exponen las mejores obras de artistas griegos. Destacan los cuadros de El Greco (conocido en su tierra natal por su verdadero nombre, Doménikos Theotokopoulos). Acoge importantes exposiciones temporales. *Vas Konstantinou 50*
• Plano F4 • Horario: lu, mi-sá 9.00-15.00; do 10.00-14.00
• Entrada 6 €; 3 € para estudiantes

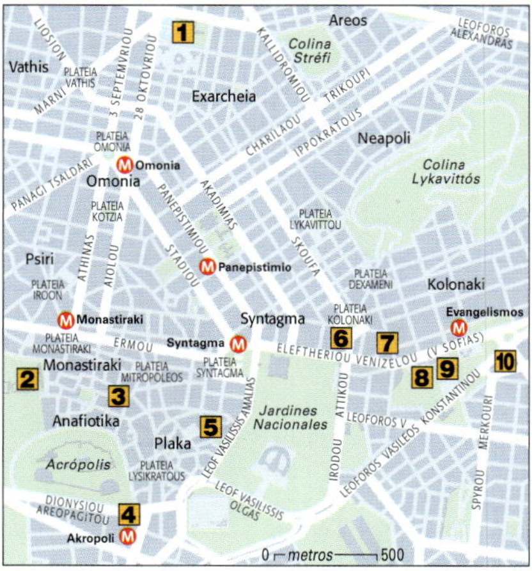

Izquierda **Panagía Grigoroussa** Derecha **Agios Georgios**

TOP 10 Iglesias

1 Mitrópoli

La inmensa catedral de Atenas de 1862 fue la primera iglesia importante construida tras la independencia griega. Se convirtió en sede oficial del arzobispo. Sus coloridos frescos y valiosos objetos eclesiásticos son tan impresionantes que superan con creces la arquitectura. La importancia de Mitrópoli es casi enteramente espiritual, como punto de referencia de la iglesia ortodoxa griega *(ver p. 70)*.

2 Panagía Gorgoepíkoos

La importancia histórica y artística de la diminuta Panagía Gorgoepíkoos, también llamada Mikri Mitrópoli, (pequeña Mitrópoli) es mucho mayor que la de su inmensa vecina. Fue levantada en el siglo XII, sobre las ruinas de un antiguo templo dedicado a la diosa Eileitia. Sus muros están construidos con mármoles de antiguos edificios y esculpidos con relieves que representan el antiguo calendario de fiestas *(ver Mitrópoli, p. 70)*.

Mitrópoli elevándose sobre Panagía Gorgoepíkoos, en primer plano

3 Kapnikaréa

Esta pequeña y encantadora iglesia, dedicada a la Virgen María, se construyó en el siglo XI sobre las ruinas de un templo antiguo. Su trazado tiene la típica planta de cruz bizantina, con tres ábsides en el lado este y un nártex (pórtico interior a la entrada del templo) en el oeste. El interior de la iglesia está decorado con mosaicos medievales *(ver pp. 80-81)*.

Kapnikaréa

4 Monastiráki

El barrio Monastiráki debe su nombre al pequeño monasterio de Plateía Monastirakíu. Antiguo corazón de la Atenas otomana, esta zona, que todavía alberga puestos callejeros, rodea el ágora romana.

5 Panagía Grigoroussa

Si se ha perdido algo o se está buscando a alguien, éste es el lugar al que acudir. Cada sábado, esta famosa iglesia celebra servicios en los que se bendicen los sabrosos pasteles *fanouropita*. Se supone que, una vez ingeridos, ayudan a encontrar lo que se está buscando. ⓢ *Junto a la torre de los Vientos • Plano J4 • Servicios: abr-oct 17.45; nov-mar 16.45*

Agía Ekaterini

6 Agías Apostoli

Ésta es una de las iglesias más antiguas de Atenas, ya que fue construida a principios del siglo XI sobre un monumento del siglo II en la antigua ágora. Aunque sufrió daños importantes durante la ocupación otomana, los restos de los frescos del interior se han conservado y han sido restaurados. ⓢ *Plano J4*

7 Agía Ekaterini

Los restos de columnas clásicas que se encuentran en el patio de esta hermosa iglesia del siglo XII evidencian que también se construyó sobre las ruinas de un templo antiguo, en este caso dedicado posiblemente a la diosa Hestia. Los numerosos frescos de colores de la iglesia han sido restaurados cuidadosamente *(ver p. 72)*.

8 Agios Georgios

Situada en la cumbre de la colina Lykavittós, el punto más elevado de la Atenas actual, Agios Georgios ofrece unas vistas que llegan al golfo de Salónica, la isla de Egina y la costa del Peloponeso. Los servicios se celebran tanto en el interior como en el exterior de la iglesia. ⓢ *Colina Lykavittós• Plano P1*

9 Dafní

Este hermoso monasterio, construido en el siglo VI, ha sido utilizado a lo largo de su historia como prisión, manicomio y barracón militar, y también como un venerado lugar de culto. Al igual que tantas iglesias de Atenas y sus alrededores, sus cimientos descansan sobre un templo antiguo, en este caso dedicado a Apolo. Los magníficos mosaicos y la formidable cúpula abovedada han sido restaurados *(ver p. 111)*.

10 Kesariani, monte Himeto

Este monasterio del siglo XII está situado en unas boscosas y aromáticas laderas a las afueras de Atenas. La mayoría de los frescos que alberga pertenece a los siglos XVI y XVII. Se dice que sus rápidas aguas de manantial curan la infertilidad *(ver p. 45)*.

Izquierda **Dionisiou Areopagitiou** Centro **Jardines Nacionales** Derecha **Vista desde Filopapo**

TOP 10 Paseos por la ciudad

Teatro en la colina de Lykavittos

1 Sendero Dionisiou Areopagitiou

Este amplio sendero bordeado de árboles proporciona un paseo peatonal entre todos los yacimientos arqueológicos importantes del centro de Atenas. Tiene varios cafés con terraza.

2 Jardines Nacionales

Los caminos que recorren los frondosos Jardines Nacionales son un estupendo lugar para pasear. En 1839, cuando era un parque real, el paisaje se cubrió con 15.000 árboles y flores exóticas importados de todo el mundo. Muchas de aquellas plantas originales aún siguen floreciendo *(ver p. 95).*

3 Colina Lykavittós

En esta colina cubierta de pinos existen varios agradables senderos. Se puede caminar hasta la cumbre, o se puede subir en el funicular y bajar a pie, parando en el café para tomar algo *(ver p. 97).*

Vista desde la colina Stréfi

4 Kallidromiou y colina Stréfi

Kallidromiou es el corazón de Exárcheia, especialmente los domingos, cuando todos acuden al *laiki* (mercado de granjeros) al aire libre. Merece la pena empaparse con el ambiente de la calle y comprar fruta antes de dirigirse a la cercana colina Stréfi *(p. 90),* donde se puede dar un paseo y comer.

5 Pasalimáni

Este puerto natural situado en El Pireo está lleno de barcos de pesca locales y yates. Se puede pasear por el puerto deportivo y llegar hasta el extremo este, frente al Museo Náutico, o acudir por la noche cuando los numerosos cafés junto al mar se animan *(ver p. 103).*

6 Colina de Filopapo

Sus diferentes construcciones incluyen: dos iglesias bizantinas, un monumento romano y el antiguo observatorio de Atenas. Desde la cumbre hay amplias vistas que sobrepasan la ciudad *(ver pp. 30-31).*

Pediou tou Areos

7 Estadio Kallimármaro

Los atletas panatenaicos del siglo IV a.C. y los deportistas de los primeros Juegos Olímpicos de 1896 corrieron en este hermoso estadio de mármol. Los corredores y caminantes disfrutan del sendero sombrío que hay en lo alto de este estadio con capacidad para 70.000 personas *(ver p. 95)*.

8 Pediou tou Areos

El mayor parque de Atenas ofrece un estupendo refugio para los días calurosos. Para salir del parque, tomar el paseo bordeado por bustos de héroes de la guerra de independencia *(ver p. 89)*.

9 Ermoú

Una de las mejores calles comerciales de la ciudad. En la parte alta, se encuentran las *boutiques* de diseño y los grandes almacenes, mientras que en la parte baja, presenta un aspecto más original, sobre todo cuando el mercadillo del domingo *(ver p. 80)* inunda la calle.

10 Primer cementerio de Atenas

En el mayor cementerio de Atenas se puede dar un contemplativo paseo entre hileras de mausoleos rodeadas de maleza. Está plantado con numerosos cipreses, cuyas altas y puntiagudas copas, según dice la tradición griega, indican a las almas el camino hacia el cielo.

Las 10 mejores vistas de la ciudad

1 Restaurante Orizontes
En la colina Lykavittós, se puede contemplar la ciudad iluminada por la noche *(ver p. 101)*.

2 Monumento de Filopapo
Ofrece espectaculares vistas de los templos de la Acrópolis o de El Pireo y la costa *(ver p. 30)*.

3 Areópago
En esta roca que se alza sobre el ágora se reunió, durante siglos, el gobierno de Atenas.

4 Adrianou, Monastiráki
Desde los numerosos cafés que bordean esta calle se puede disfrutar de una estupenda perspectiva del antiguo mercado *(ver p. 82)*.

5 Pil Poule
Restaurante *(ver p. 84)* perfecto para admirar el paisaje de la Acrópolis a la luz de la luna.

6 Exo
Desde la azotea de este bar se consigue una amplia vista de la Acrópolis, Lykavittós y el Kallimármaro. Ⓜ *Exo-Markou Mousourou 1, Mets*

7 Colina Stréfi
A la sombra de Lykavittós se encuentra esta verde colina *(ver p. 90)*, perfecta para dar un paseo breve con vistas.

8 Torre de Atenas
Es el edificio más alto de Atenas. No tiene mirador pero si se visita cualquiera de las compañías las vistas son estupendas. Ⓜ *Mesogeion 2*

9 Monasterio Kesariani
Monasterio en las boscosas laderas del monte Himeto, que se alza por encima del norte de Atenas *(ver p. 45)*.

10 Monte Penteli
Desde este monte situado junto al Observatorio Nacional, las vistas son estupendas.

Izquierda **Tienda de café Loumidis** Derecha **Kori**

Compras

1 Christoforos Kotentos

Se trata de una de las principales estrellas jóvenes aparecida recientemente en la escena de la moda griega. La fiel clientela de personajes famosos griegos se lleva los diseños de Kotentos tan pronto como él los crea.
Sachtouri 3, cuarta planta, Psiri • Plano B3 • 210 325 5435 o 210 325 5156

2 Mercadillo de Atenas

Mercado de domingo, amplio y variado, donde, si se reconocen las verdaderas antigüedades, se pueden encontrar increíbles gangas. Se aconseja acudir temprano, pues si se llega después de las 11.00 las calles están abarrotadas y la mayoría de los artículos interesantes ha desaparecido *(ver p. 80)*.

Mercadillo de Atenas

3 Loumidis

El tostadero de café más antiguo que se conserva en Grecia. Constituye un paraíso para los amantes de esta bebida, ya que almacena gran cantidad de cafés griegos y turcos tradicionales, además de todos los instrumentos necesarios para su preparación. También vende café en grano de todo el mundo, máquinas de café exprés, tazas, azucareros y todo lo que se pueda desear *(ver p. 91)*.

4 Tsitouras

Pone a la venta cristal, adornos, toallas, bandejas, cuberterías, ropa de cama, bufandas de seda, corbatas y ceniceros de la mejor calidad. Todas las piezas están embellecidas con la omnipresente corona dorada de laurel. Es un compendio del lujo exagerado.
Solonos 80; plano M1 • D. Kyriakou 7, Kifissia; plano T2

5 Kori

Otorgando un nuevo carácter al concepto de tienda de recuerdos, Kori almacena una ecléctica mezcla de accesorios y adornos realizados por algunos de los más brillantes artistas jóvenes de Grecia, así como reproducciones de piezas de museo y cerámica, iconos y estatuillas tradicionales.
Mitropoleos 13 • Plano L3

6 Karavan

La visita a Karavan es una delicia para los golosos. Tiene a gala vender el mejor *baklava* y *kataifi* de la ciudad. *Voukourestiou 11 • Plano M2*

Zoumboulakis

7 Zoumboulakis

Esta tienda, una institución ateniense, muestra trabajos tanto de jóvenes promesas como de artistas griegos ya consagrados. Las serigrafías firmadas y numeradas se venden a un precio razonable. *Kriezotou 7 • Plano M3 • 210 363 4454*

8 Elena Votsi

Después de trabajar tres años para Gucci, Elena Votsi se está dando a conocer en el plano internacional con peculiares creaciones. Actualmente se pueden conseguir piezas de sus últimas colecciones en Londres, París y Nueva York, pero en su tienda de Atenas disponen de la colección completa. El sello característico de Votsi, que trabaja principalmente con oro, lapislázuli, coral, amatista y aguamarina, son los collares gruesos y toscos y los anillos grandes. *Xanthou 7 • Plano N/P2*

9 Lena Katsanidou

Tradicionalmente, Grecia ha trabajado los artículos de piel. En la actualidad Lena Katsanidou destaca por su gran talento. Sus codiciados y pesados cinturones de cuero, ceñidos corsés, y bolsos, están fabricados con pieles de la mejor calidad. Además de esto, también se puede adquirir sus característicos cuerpos de satén de un solo hombro, joyas y gran cantidad de artículos de moda en la original *boutique* que tiene la diseñadora en Kolonáki. *Alopekis 17 y Loukianou • Plano P2/3*

10 Korres

En esta pequeña farmacia homeopática se encuentran los humildes orígenes de esta marca de cosméticos naturales y respetuosos con el medio ambiente y los animales, que dispone de sucursales en Europa y Estados Unidos. Ofrece toda la línea de cuidado para el cabello, cremas solares y lociones para la cara y el cuerpo a precios muy razonables. Se pueden deleitar los sentidos con el refrescante vaporizador de agua de limón para el cuerpo, el gel de ducha de cilantro dulcemente especiado o el limpiador facial de azahar. Al ser una farmacia, cierra los sábados (además de los lunes y miércoles por la tarde, como muchas otras tiendas). *Eratosthenous e Ivikou • Plano P5*

Karavan

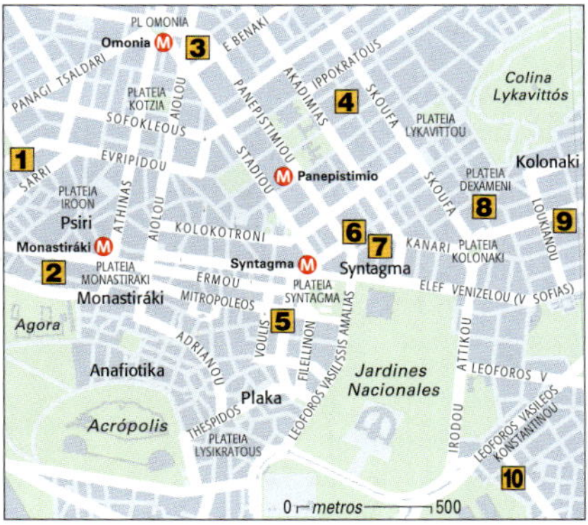

Izquierda **Pil Poule** Derecha **Beau Brummel**

TOP 10 Restaurantes

1 Spondi
Spondi, incluido por la crítica entre los mejores restaurantes de Atenas, ofrece una cocina perfecta. Se recomienda la lubina con pétalos de rosa y salsa de vainilla, sin olvidarse de sus atrevidos postres, como el loto relleno de sorbete de mandarina sobre un lecho de puré de plátano y piña, con aceitunas confitadas, aceite de oliva a la esencia de vainilla y salsa de albahaca, azafrán y *curry*. *Pyrronos 5 • Plano E6 • 210 752 0658 • €€€€*

2 Vardis
Vardis, al que Michelin ha otorgado sus estrellas, marca la pauta de los restaurantes formales en Atenas con un menú francés clásico y un servicio impecable. Los platos como el venado con endivia y naranja caramelizadas resultan perfectos. En verano, se puede cenar en el jardín. *Deligianni 66, Hotel Pentelikon, Kifissia • Plano T2 • 210 623 0650 • Cerrado: agosto • €€€€€*

3 To Varoulko
Ubicado en el barrio de Gazi, este restaurante es conocido por servir uno de los mejores mariscos de Atenas. Ha sido reconocido con una estrella Michelin *(ver p. 84)*.

4 Beau Brummel
Los platos de este restaurante, como el pargo marinado con soja y limón acompañado de *tagliatelle* fríos, resultan refinados pero muy sabrosos. La excelente carta de vinos incluye los mejores caldos de Grecia y Francia. *Agiou Dimitriou 9, Kifissia • Plano T2 • 210 623 6780 • €€€€*

5 Aristera-Dexia
Antigua fábrica convertida en un elegante escaparate para la cocina innovadora. Los ingredientes griegos se transforman, con técnicas internacionales, en platos como la *tempura* de sardinas con vinagreta de higos y limones en conserva. *Andronikou 3, Gazi • 210 342 2380 • Cerrado: julio y agosto • €€€€*

6 48 The Restaurant
Con sus brillantes suelos y paredes de hormigón pulido, y sus jardines de agua de colorida iluminación, 48 se ha convertido en uno de los más modernos restaurantes de la ciudad. *Armatolon & Klefton 48, Ambelokipi • Plano F2 • 210 641 1082 • €€€€*

Pil Poule

Precios **ver p. 75**

Red

7 Symposio
Una muestra de la sencilla comida de Epiro, en el norte de Grecia, donde el propietario tiene su propia granja. El jabalí y el venado son suculentos y tiernos, igual que el plato de temporada con cangrejos de río y setas *(ver p. 75)*.

8 Edodi
Esta diminuta joya no dispone de menú, aquí se eligen los ingredientes crudos que se cocinan al gusto. Es famoso por sus delicados sabores y sorprendentes salsas, como el faisán relleno de higos y la langosta con salsa parmesana *(ver p. 75)*.

9 Red
Ubicado en Athinais *(ver p. 81)*, Red está lleno de sofás y cortinas de terciopelo. En este ambiente, se prepara las versiones más exóticas de la cocina mediterránea en la ciudad, alcanzando la perfección en el medallón de solomillo de jabalí y paté. ⊗ *Kastorias 34–36 • 210 348 0000 • Cerrado: domingo • €€€€*

10 Pil Poule
La vista de la Acrópolis es razón suficiente para acudir a este restaurante, pero su exquisita comida y el impecable servicio convierten la experiencia en sublime *(ver p. 84)*.

Las 10 mejores tabernas

1 Karavitis
Keftedes (albóndigas) y *tzatziki* en un establecimiento anclado en el pasado. ⊗ *Arktinou y Patsaniou • Plano P5 • €*

2 Mamacas
Clásica carta de taberna en el rehabilitado barrio industrial. ⊗ *Persephonis 41, Gazi • €*

3 Filipou
Taberna en el barrio más elegante de Atenas. ⊗ *Xenokratous 19 • Plano F3 • €*

4 Bakaliarakia tou Damigou
Este escondite subterráneo con más de 100 años sirve bacalao frito *(ver p. 75)*.

5 Vlassis
Favorito entre los atenienses; sus *mezes* son ejemplares. ⊗ *Pasteur 8 y Plateia Mavili • Cerrado: verano • €*

6 Skoufias
Un toque moderno realza los clásicos de taberna conservando sus sabores. ⊗ *Troon 63, Ano Petralona • Plano A6 • Cerrado: verano • €*

7 Strofi
Cocinan platos tradicionales y sabrosas actualizaciones en una azotea con vistas de la Acrópolis *(ver p. 75)*.

8 Psaras
Una de las pocas tabernas con jardín que se conservan intactas en la Plaka. ⊗ *Erectheos 16 y Erotokritiou • Plano K4 • €*

9 Frantzescos
Destacan las especiadas delicias semiorientales. ⊗ *Skiathou 3, Kifissia • Plano T2 • €*

10 Monopoleio Athinon
Este local tiene una carta moderna; a menudo ofrece *rembétika* en directo. ⊗ *Ippothontidon y Kiriadon, Kato Petralona • Cerrado: verano • €*

***Nota:** todos los restaurantes aceptan tarjetas de crédito y sirven platos vegetarianos si no se especifica lo contrario*

Izquierda **Restaurante Barba Yannis** ***(ver p. 92)*** Centro ***Gemista*** Derecha ***Fassolada***

TOP 10 Platos griegos

1 Pulpo a la parrilla

Lo idóneo es que se capture y se sirva en el mismo día. Se asa a la brasa con un poco de limón exprimido y aliñado con aceite y vinagre.

Mousaka

2 *Mousaka*

Existen infinitas variantes de este plato rural, pero sus ingredientes básicos son siempre los mismos: capas de berenjena, carne de cordero picada, patatas y tomate, aderezadas con vino y canela y cubiertas con bechamel.

3 *Píttes*

Las *píttes* llegaron a Grecia desde Turquía y el Oriente Próximo. La clave de una *pita* perfecta (que significa "pastel") es la famosa pasta *filó*: docenas de capas de una masa translúcida y fina como el papel, pintadas con mantequilla o aceite de oliva y horneadas hasta alcanzar una textura ligera y hojaldrada. Los rellenos de la *pita* pueden ser dulces, como la *baklava* de miel, nuez y agua de rosas, o salados, como la *hortopita*, hecha con verduras y queso.

4 *Stifado*

Este guiso de conejo de campo tierno y sabroso procede de las montañas del norte de Grecia donde todavía calienta a los campesinos durante el invierno. El conejo se especia con comino, clavo y canela, pero su mejor toque es el dulzor de las cebollitas que se le añaden, cocinadas hasta caramelizarse.

5 *Horiatiki*

La ensalada griega, que aparece en menús de todo el mundo, es una mala copia de este plato. La versión original se prepara sólo con ingredientes frescos: tomates madurados al sol, pepinos frescos, crujientes cebollas rojas, pimientos verdes, aceitunas Kalamáta, queso *feta*, orégano y aceite de oliva extra virgen componen esta sencilla y sabrosa ensalada.

6 *Souvlaki*

Souvla significa "asado en espetón" y es una de las formas en la que los griegos preparan la carne. El *souvlaki* está presente en la calle, ya que es un buen tentempié. Se prepara con trozos de pollo, cerdo o cordero asados en un espetón durante horas, aliñados con *tzatziki* y servidos con cebolla y tomate en pan caliente recién horneado untado en aceite y frito.

Souvlaki

7 *Gemista*

Gemista significa simplemente "relleno". La cocina griega tiene innumerables recetas en las que se rellenan tomates, berenjenas, calabacines, pimientos y hojas de parra con todo tipo de ingredientes,

Píttes

como arroz, hierbas, carne picada, pasas, piñones y diversas especias. Los *gemista,* a menudo cubiertos con una salsa cremosa y con sabor a limón, sirven de comida completa.

8 *Fassolada*
La *fassolada,* plato básico de invierno para los griegos antiguos, sigue siendo una sopa muy popular en Grecia. En un caldo, se hierven a fuego lento alubias, zanahoria, cebolla, tomate y orégano hasta que están tiernos y luego se adereza con el ingrediente esencial: aceite de oliva extra virgen. En verano, la *fassolada* fría se sirve como *meze* por la tarde.

9 *Kokoretsi*
Técnicamente, las nuevas leyes alimentarias han prohibido este plato típico de Semana Santa, pero en los jardines traseros y las tabernas antiguas griegas siguen sirviéndolo durante todo el año. El hígado, bazo y riñones del cordero se marinan con hierbas, ajo y zumo de limón, después se asan a la brasa.

10 *Kokkinisto*
Clásico y sencillo plato de taberna, cuyo nombre significa "con salsa roja". La carne de cordero, pollo o cerdo se cocina con tomate, vino y hierbas en un recipiente de barro, que conserva todo el calor y el sabor. La carne tierna debe despegarse del hueso con el simple toque del tenedor.

Las 10 mejores bebidas griegas

1 *Ouzo*
Se trata de uno de los principales licores griegos. Este destilado con sabor a anís se bebe con los *mezes*.

2 *Tsipouro*
El *tsipouro* es un licor fuerte que se fabrica con el orujo de las uvas moscatel.

3 Retsina
El vino blanco Retsina, como su propio nombre indica, tiene un leve sabor a resina de pino procedente de las cubas en que se ha dejado envejecer.

4 Hima
Vino de barril casero.

5 Mavrodaphne
Significa "laurel negro". Las mejores uvas para este vino dulce, rico, oscuro y parecido al oporto crecen en el Peloponeso.

6 Aghiorghitiko
Los profundos y aterciopelados vinos de Nemea son la nueva estrella de la creciente industria vinícola griega.

7 Assyrtiko
Se trata de uno de los vinos más extraños del Mediterráneo. Pertenece a las variedades blancas más delicadas de Grecia y en su aroma evoca al higo y la madreselva.

8 Savatiano
El vino blanco más común de Grecia resulta estupendo con el marisco y las ensaladas. Se suele encontrar en las tabernas.

9 Café griego
Bebida espesa, dulce y acre de café negro y fuerte. Pedir un *elliniko metrío.*

10 *Frappé*
Café soluble, leche y agua fría batidos hasta que forman una agradable espuma.

Izquierda **Festival Lykavittós** Derecha **Día de la Independencia**

TOP 10 Festivales y acontecimientos

Fiesta del cordero de Semana Santa

1 Epifanía (6 de enero)

Se celebra la bendición de las aguas: se bendicen los puertos, los barcos y las playas. En algunos lugares se tira una cruz al agua y los jóvenes se lanzan a bucear para recuperarla; el ganador tendrá un año de buena suerte.

2 *Apokries* (febrero-marzo)

El carnaval griego ortodoxo comienza 58 días antes de Semana Santa. Las celebraciones, con bailes, disfraces, danzas tradicionales y demás fiestas, duran varios días. En Atenas, los coloridos festejos se concentran en Plaka, cuyas calles se abarrotan de participantes y músicos enmascarados.

3 Lunes Limpio

Este día da inicio a la Cuaresma ortodoxa. Se celebra volando cometas en el campo; en Atenas, el cielo sobre la colina de Filopapo se llena de ellas.

4 Día de la Independencia (25 de marzo)

Los desfiles militares con tanques, armas y batallones celebran el día de 1821 en el que la revolución griega, después de casi 400 años de ocupación, se levantó y triunfó sobre el imperio otomano.

5 Semana Santa

Es el acontecimiento más importante del calendario ortodoxo, de hecho, supera a la Navidad. La noche del Viernes Santo, los fieles sacan la figura de Jesús sobre andas cubiertas de flores en procesiones a la luz de las velas, que terminan con oficios religiosos a medianoche y fuegos artificiales. El domingo las familias se reúnen, se asa el cordero para la comida y se intercambian huevos pintados de rojo (que simbolizan la sangre de Cristo y su resurrección).

6 Festival Helénico (junio-septiembre)

Los griegos antiguos representaron sus tragedias en los especta-

Festival Helénico en Epidauro

culares teatros de Herodes Ático y Epidauro. En la actualidad, los mejores intérpretes, bailarines y actores del mundo actúan cada verano a la luz de la luna en estos escenarios de fama mundial. Luciano Pavarotti, el coro de gospel de Harlem,o Gerard Depardieu e Isabella Rossellini han salido al escenario de Epidauros.

www.greekfestival.gr

7 Festival Lykavittós (junio-septiembre)

Las estupendas actuaciones musicales, como las de Bob Dylan, Phillip Glass y B. B. King, tienen lugar en el teatro situado en la elevada cumbre de la colina Lykavittós.

www.greekfestival.gr

8 Rockwave (junio)

Este festival de tres días es el principal encuentro de música del año en Grecia. El programa incluye actuaciones de pop griego e internacional, rock y música alternativa.

www.didimusic.gr/rockwave

9 Fiesta de la Virgen (15 de agosto)

El país se para el día que celebra la asunción de la Virgen. Muchas mujeres acuden a las iglesias a honrar a su tocaya.

10 Maratón de Atenas (primeros de noviembre)

Deportistas de todo el mundo realizan el mismo trayecto que cubrió Filípides, el corredor más famoso de la antigüedad. En el año 490 a.C., los griegos derrotaron a los persas en Maratón en una histórica batalla *(ver p. 124)*. Filípides corrió 42 km hasta Atenas y apenas anunció la victoria, murió de agotamiento. Hoy los atletas cuentan con puestos de agua y el ánimo del público para aliviar la proeza de recorrer la distancia entre Maratón y el estadio Kallimármaro *(ver p. 95)*.

Las 10 festividades de santos

1 San Basil (1 enero)
Se come el *vasilopita* (pastel de Basil), que se hornea con monedas dentro. Encontrar una da un año de buena suerte.

2 San Juan Bautista (7 enero)
Recuerda el día en que San Juan bautizó a Cristo en el río Jordán.

3 San Athanassios (18 enero)
En este día la iglesia subasta objetos donados en honor a Athanassios, uno de los tres santos padres ortodoxos.

4 San Charalambos (10 febrero)
Los hospitales griegos honran al santo patrón de los médicos.

5 San Jorge (23 abril)
El vencedor del dragón es el patrón del ejército.

6 San Dimitrios (26 octubre)
Las mayores celebraciones tienen lugar en Salónica, de donde es patrón este mártir.

7 Santa Catalina (25 noviembre)
Esta mártir protege a los niños, las jóvenes y los estudiantes.

8 San Stelianos (26 noviembre)
Las mujeres embarazadas piden a Stelianos, patrón de los niños y el parto.

9 Santa Bárbara (4 diciembre)
La tradición decía que los niños que dormían en una iglesia durante esta noche quedaban protegidos de las enfermedades por la santa.

10 San Nicolás (6 diciembre)
Las fiestas del patrón de los marineros son especialmente animadas en islas y costas.

Izquierda **Bandera olímpica** Centro **S. Calatrava** Derecha **Complejo olímpico Atenas, Maroussi**

TOP 10 Escenarios olímpicos

1 Complejo de deportes olímpicos Atenas

Éste fue el principal centro de los Juegos. Un complejo de varios estadios ya existente ampliado y reformado para acoger las ceremonias de inauguración y clausura, así como las finales de tenis, gimnasia y baloncesto, natación, saltos de trampolín, waterpolo y ciclismo. El arquitecto español Santiago Calatrava diseñó las cúpulas de cristal y acero del estadio. *Kifissias, Maroussi*

Emblema olímpico

2 Complejo olímpico Goudi

Este edificio alberga el pentatlón. También incluye una zona para natación con 2.000 localidades, dos áreas para hípica y carrera con 5.000 plazas, y una para esgrima y tiro con 4.500 asientos. Los aficionados al bádminton disponen de 5.000 plazas para asistir a los partidos de este deporte. *Katechaki, Goudi*

3 Estadio Kallimármaro

Esta joya en el centro de Atenas fue construida en el siglo IV a.C. para los Juegos Panatenaicos. Más tarde se dejó de utilizar pero fue restaurado con hermoso mármol pentélico para los primeros Juegos modernos de 1896. En 2004, acogió el tiro con arco y la final del maratón. *Vasileos Konstantinou*

4 Sede olímpica de halterofilia

La halterofilia es el deporte que más éxitos internacionales ha dado a Grecia, de hecho, su equipo consiguió cinco medallas en Sydney. Este estadio, con capacidad para 5.000 espectadores, fue uno de los primeros escenarios olímpicos planificados para 2004 y los organizadores aseguran que es el mayor jamás construido para la práctica de este deporte. *Ralli Petrou, Nikaia*

5 Complejo olímpico de la zona costera Faliron

El estadio costero de la Paz y la Amistad, con capacidad para 14.000 personas, fue escenario de los partidos de voleibol. Dos pabellones deportivos costeros, uno para 10.000 espectadores y otro para 8.000, acogieron el boxeo, el balonmano y el taikwondo (un deporte muy popular entre los griegos). Las dos pistas de arena para el voleibol playa tienen capacidad para 10.000 y 4.000 personas. *Faliron*

Estadio Kallimármaro

Información sobre los Juegos de Atenas ver **www.athens2004.com**

Parte del complejo de deportes olímpicos Atenas

6 Complejo deportivo Hellenikon

Este inmenso complejo se encuentra sobre el emplazamiento del antiguo aeropuerto, convertido para 2004 en unas importantes instalaciones deportivas. Acogió las competiciones de baloncesto, béisbol, softball, esgrima, balonmano, hockey y el eslalon de piragüismo. ✆ *Poseidonos*

7 Centro olímpico de vela

Este centro de vela fue el primer escenario olímpico en albergar un acontecimiento de prueba, una regata internacional que se celebró en 2002. Los encuentros de vela, con un público de 3.000 personas, se situaron entre las competiciones más emocionantes de todos los Juegos, en parte debido a los vientos *meltemi,* que soplan a lo largo de la costa cada agosto. ✆ *Agios Kosmas*

8 Centro olímpico ecuestre Markopoulo

En este centro se ubicó todo lo relacionado con la equitación, con un establo para 300 caballos. Las obras de este centro se retrasaron cuando los arqueólogos descubrieron un santuario dedicado a la diosa Afrodita.

9 Centro olímpico de piragüismo y remo

Las competiciones de piragüismo y remo tuvieron lugar en un lago artificial de 2.200 m con capacidad para acoger 14.000 espectadores. Está proyectado crear un parque arqueológico colindante para exponer los hallazgos de la edad de piedra que se encontraron durante la construcción de las instalaciones y los vestigios de la batalla de Maratón *(ver p. 124).* ✆ *Schinias, Maratón*

10 Escenario olímpico Acharnes para bicicleta de montaña

Las competiciones de ciclismo y bicicleta de montaña que se celebraron durante los Juegos Olímpicos de 2004, tuvieron lugar a lo largo de un magnífico recorrido por el monte Parnitha, una zona de increíble belleza natural a las afueras de Atenas, a menudo olvidada por los visitantes. ✆ *Monte Parnitha*

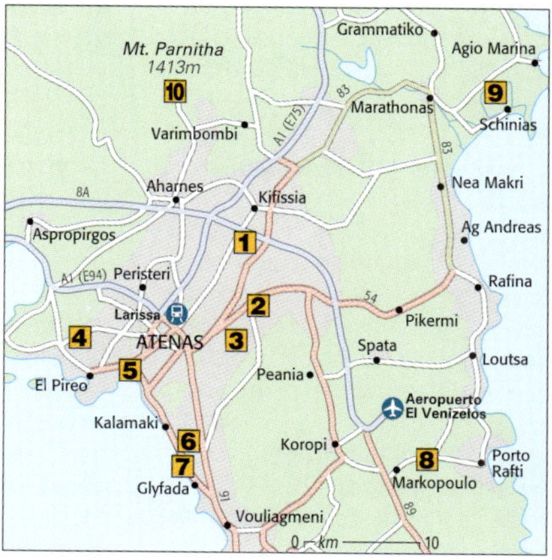

Izquierda **Teatro de marionetas** Derecha **María Callas**

TOP 10 Hitos en la historia del teatro y de la música

1 Los ritos de Dionisos, 1200-600 a.C.

Dionisos

Los ritos anuales al dios del vino y el desenfreno se celebraban cada primavera con orgías, banquetes e ingestión de hierbas que provocaban el éxtasis. Un coro de hombres vestidos de sátiros cantaba un ditirambo (una oda a Dionisos), que se convirtió en una narración, para más tarde dar lugar a las primeras obras de teatro.

2 Tespis, siglo VI a.C.

En los ditirambos, el coro cantaba y bailaba en honor a Dionisos. Se cuenta que un actor llamado Tespis abandonó el grupo y realizó una narración en solitario. El teatro llegaría con la aparición de un segundo personaje, introducido por Esquilo, y el nacimiento del diálogo dramático.

3 Concursos de teatro, 534 a.C.

En el año 534 a.C., el dirigente de Atenas, Pisístrato, formalizó los festivales dionisiacos y los convirtió en verdaderos concursos de teatro que se celebraban anualmente. Tespis ganó el primero.

4 Esquilo, el primer dramaturgo, 472 a.C.

Al protagonista, Esquilo le añadió un segundo personaje, el antagonista, creando así nuevas posibilidades. Más tarde, en el año 472 a.C., escribió *Los persas,* obra en la que recoge la coetánea guerra entre persas y griegos.

5 Sófocles gana a Esquilo en el concurso de teatro, 468 a.C.

Sófocles, con 28 años, vence en el concurso teatral a Esquilo, el padre de la tragedia. Introdujo el tercer actor en escena. Es el autor de una de las obras maestras de la historia de la tragedia, *Edipo rey.*

6 Teatro de sombras griego, siglo XVI

Después de la edad de oro del teatro ateniense, las artes escénicas griegas se estancaron. Sin embargo, durante la ocupación turca, los griegos recurrieron a la tradición oriental del teatro de sombras. Los estilizados y coloristas espectáculos eran satíricos y subidos de tono y el personaje principal (el loco Karaghiozis) gastaba bromas a expensas de los dirigentes turcos.

7 Emerge el *rembétika,* década de 1870

Tras los 400 años de ocupación turca que vivieron los griegos, una de las primeras formas de arte que surgió fue el *rembétika,* un tipo de música que se puede comparar, culturalmente, con el *blues* nortea-

Primeras obras teatrales griegas **ver pp. 36-37**

mericano. Fuertemente influenciado por la música y los instrumentos de Asia Menor, las letras del *rembétika* hablan de la pobreza y el sufrimiento de la vida. Fue prohibido durante la dictadura.

8 María Callas domina la ópera, 1950-1960

La Callas, nacida María Kalogeropoulos, fue la primera gran diva. La primera dama de la ópera enfureció a muchos directores con su carácter temperamental, pero sedujo a millones con su sublime voz de soprano y su inolvidable mirada.

9 Mikis Theodorakis

El mejor compositor moderno de Grecia, escribió las canciones de una generación, la juventud de los años sesenta y setenta. Ganó el reconocimiento internacional y comenzó una revolución cultural con trabajos como *Epiphania* y la inolvidable partitura de *Zorba el Griego.* Durante la Junta Militar, se prohibieron sus canciones y fue encarcelado, convirtiéndose en símbolo de la resistencia.

10 *Carros de fuego* de Vangelis, 1981

El compositor griego Vangelis ganó un Oscar por su banda sonora para *Carros de fuego,* una película sobre corredores olímpicos.

Anthony Quinn en *Zorba el Griego*

Los 10 principales escenarios

1 Teatro Herodes Ático

El principal escenario de Atenas durante casi 2.000 años *(p. 9).* *Taquilla: Panepistimiou 39 • Plano L/M2 • 210 322 1459*

2 Stoa Athanaton

El *rembetatiko (p. 93)* favorito de Atenas. *Mercado central, Omónia (en la arcada) • Plano C3*

3 Ópera Nacional de Grecia

La temporada de invierno se extiende de octubre a mayo. *Akadimias 59–61 • Plano L1 • 210 361 2461*

4 Teatro Nacional

Sede de la Compañía Nacional de Teatro Griego, cuyas representaciones de los clásicos son famosas. *Agiou Konstantinou 22 • Plano B2 • 210 522 3242*

5 An

Rock, *reggae* y actuaciones alternativas en el corazón de Exárcheia *(p. 93).*

6 Rodon-Live Rock

Sala de conciertos que recibe a los mejores grupos de rock duro y *heavy metal (p. 93).*

7 Megaro Moussikis

Esta sala ofrece una fantástica acústica para las mejores orquestas, ballets y compañías de ópera del mundo. *Vas Sofias y Kokkali • Plano G3 • 210 728 2333–7 • Cerrado: verano*

8 Teatro Lykavittós

Ofrece actuaciones musicales de primera *(p. 97).*

9 Half Note

Todos los músicos de *jazz* importantes que han visitado Atenas han tocado en esta sala. *Trivonianou 17 • Plano M6 • 210 921 3310*

10 Epidauro

Sólo se representan clásicos *(p. 119).* *Entradas en la taquilla de Herodes Ático.*

RECORRIDOS POR ATENAS

ALREDEDORES DE ATENAS

Izquierda **Columna, templo de Zeus Olímpico** Centro **Restaurantes de Plaka** Derecha **Calles de Plaka**

Plaka, Makrigianni y Koukáki

LAS SERPENTEANTES CALLEJUELAS de Plaka, el antiguo barrio situado bajo la Acrópolis, son consideradas las más encantadoras de Atenas. Como es natural, son también las más visitadas y en pleno verano algunas se llegan a abarrotar entre locales, turistas y vendedores. Pero Plaka también oculta lugares llenos de un atractivo intacto. Las zonas populares de Makrigianni y Koukáki se están sacudiendo el polvo y en ellas están apareciendo maravillosos museos, restaurantes y modernos clubes.

Esculturas procedentes de la Acrópolis

TOP 10 Lugares de interés

1. **Acrópolis**
2. **Nuevo Museo de la Acrópolis**
3. **Anafiótika**
4. **Foro romano y torre de los Vientos**
5. **Museo de Instrumentos Musicales Griegos**
6. **Mitrópoli**
7. **Museo de Arte Popular Griego**
8. **Plateía Filomousou**
9. **Templo de Zeus Olímpico**
10. **Colina de Filopapo**

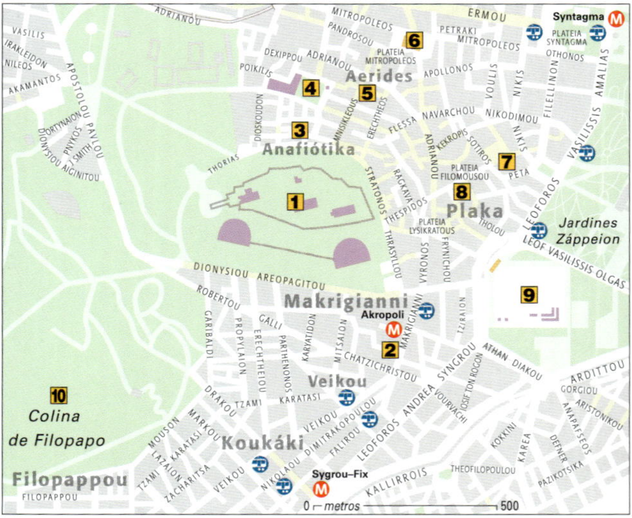

Páginas anteriores **El teatro de Delfos**

1 Acrópolis

La roca sagrada de la Acrópolis domina Plaka, y sus templos se pueden observar desde todos los ángulos del barrio. Según la mitología fue en esta roca donde Atenea *(ver p. 39)* ganó a Poseidón el control sobre la ciudad, por lo que ha estado dedicada al culto de esta diosa desde el año 650 a.C *(ver pp. 8-9 y 44).*

El Partenón de la Acrópolis

2 Nuevo Museo de la Acrópolis

Esta joya de cristal, que ha costado 100 millones de euros, ha sido diseñada por el arquitecto de fama mundial Bernard Tschumi. Ha sido concebido para proporcionar un espacio de exposición adecuado al mayor tesoro de Grecia: las esculturas de mármol que otrora decoraron la Acrópolis, y especialmente, las procedentes del Partenón. Durante un tiempo de relevo tanto el viejo como el nuevo museo permanecerán abiertos al público *(ver pp. 10-11, 44 y 46).*

3 Anafiótika

Junto a la ladera de la Acrópolis, se esconde el barrio más encantador y singular de Atenas. Lo construyeron en el siglo XIX trabajadores de la isla de Anáfi, en las Cícladas, llegados a Atenas tras la guerra de independencia para construir el palacio del rey Otto. Añoraban tanto su hogar que decidieron recrear un pedazo de él aquí, en un laberinto de diminutos pasadizos con casas abovedadas tipo insular en blanco y azul, cubiertas con buganvillas. Muchos descendientes de aquellos trabajadores de Anáfi aún viven aquí.

4 Foro romano y torre de los Vientos

Julio César y Augusto fundaron esta plaza romana del mercado, que sustituyó al ágora griega original, por ello sus nombres están inscritos en la imponente puerta de Atenea Archegetis. La construcción más impresionante, la torre de los Vientos, se había levantado en el 50 a.C., 100 años antes. No existe otro edificio igual en el mundo antiguo: en cada uno de sus ocho lados hay una representación de los vientos con su nombre labrado: Boreas, Kaïkías, Apeliotes, Euros, Notos, Lips, Céfiro y Skiron *(ver pp. 20-21 y 44).*

Torre de los Vientos

Mitrópoli

5 Museo de Instrumentos Musicales Griegos

Este museo es un gran tesoro. Aquí se pueden descubrir y escuchar las influencias europeas y de Oriente Próximo que concurren en la música griega, y apreciar cómo los griegos las transformaron en algo propio. Los instrumentos son hermosos, y a menudo tienen complicadas incrustaciones en plata, marfil y concha de tortuga. También alberga un centro de estudios de etnomusicología y en ocasiones se ofrecen actuaciones en el patio *(ver p. 46)*. *Diogenous 1–3 • Plano K4 • 210 362 9513 • Horario: ma y ju-do 10.00-14.00, mi 12.00-18.00 • Gratis*

Museo de Instrumentos

6 Mitrópoli

La enorme catedral de Atenas, con sus hermosos detalles, es uno de los monumentos más conocidos de la ciudad. El arzobispo de Grecia (considerado una de las personas más influyentes del país) da sus sermones en ella, y se abarrota regularmente cuando la alta sociedad acude a bodas y bautizos. Mucha más importancia artística tiene la diminuta Panagía Gorgoepíkoos (pequeña Mitrópoli), situada al lado. Esta iglesia del siglo XII está construida con mármol de antiguos edificios romanos y bizantinos y alberga 90 escenas de antiguas festividades *(ver p. 48)*. *Plateía Mitropoleos • Plano K3 • Horario: todos los días 7.00-19.00 • Gratis*

Museo de Arte Popular Griego

Lord Byron

Uno de los personajes famosos que vivieron en Plaka fue el poeta romántico y prohelenista lord Byron (1788-1824). Se alojó en un monasterio capuchino que había en Plateía Lysikrátous mientras escribía *Las peregrinaciones de Childe Harold*. Lo abandonó para luchar con el bando griego en la guerra de independencia. Se le recuerda en una calle con su nombre: Vyronas, en griego.

7 Museo de Arte Popular Griego

Este edificio gubernamental acoge en su interior cinco plantas repletas de ricos y bonitos ejemplos de arte popular, que incluyen desde joyas hasta delicados bordados realizados con hilo de oro y plata. También dispone de una sala con frescos del pintor primitivista Theofilos Khatzmikhail *(ver p. 46)*. *Kydathinaion 17 • Plano L4 • Horario: ma-do 10.00-14.00 • Se cobra entrada*

8 Plateía Filomousou

Todo el mundo pasa en algún momento por esta verde y sombreada *plateía*, rodeada de cafés. To Tristato ofrece tés y pasteles deliciosos en un ambiente victoriano y desde Kydatheneon se obtiene una vista de todo el conjunto *(ver p. 74 para ambos)*. En la azotea del Cine Paris se puede disfrutar de una película y de una panorámica de la Acrópolis. En el centro empedrado de la plaza hay bancos. Por encima de los árboles sobresalen edificios neoclásicos. *Plano L4*

9 Templo de Zeus Olímpico

Lo único que se conserva del mayor templo de Grecia, dedicado a Zeus, son 16 columnas. Sin embargo, su solitaria majestuosidad recortada sobre el luminoso cielo del Ática aún sobrecoge. En el interior del templo se alzaba una colosal escultura del dios en oro y marfil, réplica de la existente en Olimpia, que era una de las siete maravillas del mundo antiguo *(ver pp. 32-33).*

10 Colina de Filopapo

Ofrece un espacio verde y fresco para pasear bajo pinos y cipreses. En la cumbre se encuentra la tumba-monumento al senador romano y prohelenista Gaio Julio Antíoco Filopapo, desde donde se consigue una amplia panorámica de la Acrópolis y el mar. La compañía de Dóra Strátou ofrece actuaciones con bailes griegos tradicionales en el teatro *(ver pp. 30-31).*

Templo de Zeus Olímpico

Una mañana en Plaka

Primera hora

Si se quiere evitar el calor y las aglomeraciones, lo mejor es subir en primer lugar a la **Acrópolis** y dedicar una hora más o menos a recorrer sus templos. Descender desde la Acrópolis y desviarse a la izquierda hacia el **sendero Dionisiou Areopagitiou** *(ver p. 52)*. La entrada de la Acrópolis también permite el acceso al **teatro de Dionisos,** donde se estrenaron muchos de los más importantes dramas clásicos.

Regresar al sendero y girar a la derecha hacia Makrigianni para visitar el **Nuevo Museo de la Acrópolis** *(ver pp. 10-11)*. Después, dirigirse a Plateía Lysikrátous, que debe su nombre al ganador de una competición coral del 335 a.C.

Hacer una parada en uno de los arbolados cafés que miran a Lysikrátous; la mejor vista se consigue desde O Diogenous.

Final de la mañana

Desde la plaza, subir hacia el barrio de Anafiótika *(ver p. 69)* del siglo XIX, para recorrer sus callejones.

Salir por Prytaneiou, parando en el tranquilo jardín de la iglesia bizantina del Santo Sepulcro con su famosa llama sagrada.

Desde Prytaneiou, desviarse a la derecha en Mnisikleous y a la izquierda en Kyrristou para elegir entre el Museo de Instrumentos Musicales Griegos o el foro romano y la torre de los Vientos *(ver pp. 20-21)*. Por último, retroceder una manzana hasta O Platanos *(ver p. 75)* para almorzar.

Izquierda **Iglesia de Agía Ekaterini** Centro **Museo de Arte de los Niños** Derecha **Museo Judío**

TOP 10 Y además...

1 Museo Lalaounis
El joyero Ilias Lalaounis expone sus creaciones en oro. *Kallisperi 12 • Plano J5 • Horario: lu y ju-sá 9.00-16.00, do 11.00-16.00, mi 9.00-21.00 • Se cobra entrada (gratis sábado 9.00-11.00, miércoles después de las 15.00)*

2 Museo Kanellopoulos
Antigüedades de gran calidad procedentes de una colección familiar en una mansión neoclásica. *Theorias 12 • Plano J4 • Horario: ma-do 8.30-15.00 • Se cobra entrada*

3 Iglesia del Santo Sepulcro
A esta hermosa iglesia bizantina son muchos los que acuden para encender velas con su llama sagrada. *Entre Prytaneiou y Erotokritou • Plano K4*

4 Centro de estudios del arte del guiñol
Durante siglos, los griegos han relatado historias a través del guiñol. Aquí se mantiene viva esta forma de arte. *Tripodon 30 • Plano K4 • Espectáculos en griego: domingo 11.00 y 17.00*

5 Monumento de Lisícrates
Este monumento cilíndrico (335 a.C). honra a Lisícrates, ganador del festival coral dionisiaco *(ver p. 64)*. *Plateía Lysikrátous • Plano L5*

6 Iglesia de Agía Ekaterini
Esta iglesia bizantina magníficamente restaurada se alza sobre el solar de un templo antiguo, cuyas columnas aún están bajo el patio *Junto a Plateía Lysikrátous • Plano L5*

7 Museo Frissiras de Pintura Europea Contemporánea
Más de 3.000 obras de artistas griegos y europeos de la posguerra. *Monis Asteriou Tsagari 3 y 7 • Plano L4 • 210 323 4678 • www.frissirasmuseum. com • Horario: 11.00-19.00 mi-ju, 11.00-17.00 vi–sá • Visitas guiadas: sá, do 12.30 • Se cobra entrada*

8 Iglesia de la Santísima Trinidad
La mayor iglesia medieval de Atenas (1031) es hoy la iglesia ortodoxa rusa de la ciudad. *Filellinon • Plano L4*

9 Museo de Arte de los Niños
Exposiciones con obras de jóvenes de distintos puntos del planeta. Organiza actividades para niños. *Kodrou 9 • Plano L4 • 210 331 2631 • Horario: sep-jul ma-sá 10.00-14.00, do 11.00-14.00 • Se cobra entrada (niños gratis)*

10 Museo Judío
Sus 15.000 piezas relatan la historia de los judíos en Grecia. *Nikis 39 • Plano L4 • 210 322 5582 • www.jewishmuseum.gr • Horario: lu-vi 9.00-14.30, do 10.00-14.00 • Se cobra entrada*

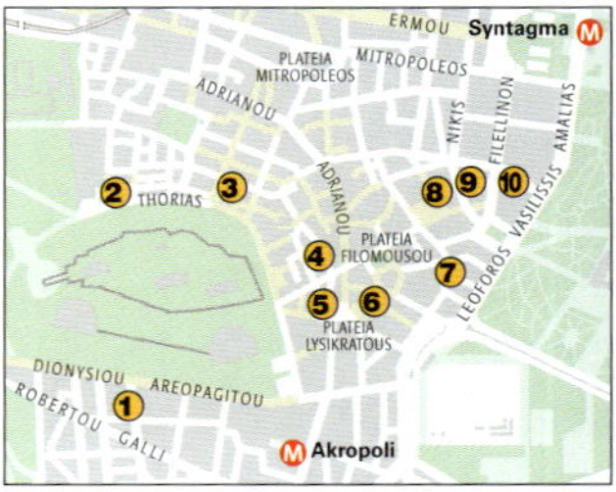

Izquierda **Emblem** Centro **O Brettos** Derecha **Mesogeia**

TOP 10 Recuerdos y regalos

1 Centro de tradición helena
Almacén con artesanía de todos los rincones del país. Si el tiempo sólo permite una parada para comprar recuerdos, éste es el lugar ideal. *Mitropoleos 59 • Plano K3*

2 Pantelis Mountis
En esta pequeña tienda de Pantelis Mountis se pueden comprar bonitos iconos pintados a mano y *tamata* metálicos para protegerse de dolencias específicas. *Apollonos 27 • Plano L3*

3 Village Flokati
Esta tienda ofrece numerosas *flokatia*, las alfombras griegas fabricadas con lana de ovejas de montaña. *Mitropoleos 19 • Plano K3*

4 Kori
Esta tienda vende una selecta gama de regalos, entre ellos obras de arte exclusivas, firmadas y numeradas, de algunos de los más recientes talentos del país. *Mitropoleos y Voulis 13 • Plano K3*

5 Ilari Galaktozaharoplasteio
Su nombre significa lechería-pastelería de Ilari. Vende dulces griegos tradicionales deliciosos. Su especialidad son los pudines tradicionales. *Adrianou 112 • Plano K3/4*

6 Emblem
Esta tienda, especializada en cuadros de barcos, vende objetos de artesanía como bandejas pintadas, carteles de taberna, sartas de cuentas para relajarse y joyas de plata y oro *Makrigianni 15c • Plano L4*

7 O Brettos
En esta destilería se puede comprar una botella de su fuerte *ouzo* casero, tomar un trago de *mestiha*, un licor dulce, y admirar los inmensos barriles *(ver p. 74)*. *Kydathinaion 41 • Plano L4*

8 Mesogeia
Esta tienda de ultramarinos almacena quesos procedentes de todo el país, aceite de oliva, aceitunas, vino, *ouzo*, hierbas y especias, tés y productos biológicos. *Nikis 52 y Kydathinaion 52 • Plano L4*

9 Joyería-Museo Lalaounis
En la famosa joyería de Ilias Lalounis siguen encontrándose algunas de las creaciones en oro más fascinantes del mundo. *Esquina de Karyatidon con Kallisperi • Plano J5*

10 Sirines
En esta tienda venden sartas de cuentas para relajarse hechas a mano, amuletos de la suerte, llaveros, pulseras y pendientes. *Makrigianni 3 • Plano K6*

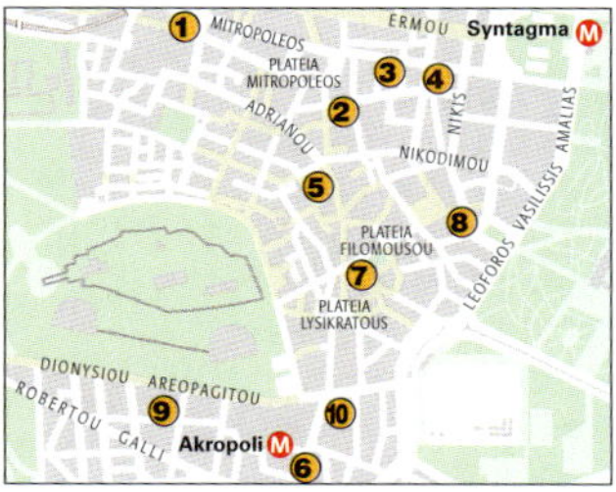

Izquierda **Klepsydra** Centro **Melina** Derecha **O Brettos**

TOP 10 Cafés y bares

1 Klepsydra
Este pequeño y tranquilo bar-café, situado detrás de la torre de los Vientos. Es frecuentado por los locales y está agradablemente apartado. *Thrasiboulou • Plano K4*

2 Melina
El que era el café favorito de Melina Mercoúri se ha convertido en un santuario dedicado a la difunta actriz griega y heroína nacional. *Lyssiou 22, Aerides • Plano K4*

3 Galaktopoleion Amaltheia
Este pequeño y acogedor local es perfecto para una noche lluviosa. Los espejos antiguos, la vieja máquina de discos, la extensa selección de tés y la chisporroteante estufa de leña ayudan a mantener el calor. *Tripodon 16 • Plano K4*

4 O Brettos
Las paredes de este local están cubiertas con cientos de botellas de licores caseros de luminosos colores que brillan como vidrieras. Las bebidas también son buenas. *Kydathinaion 41 • Plano L4*

5 Oionos
Aunque éste es el local más joven y moderno de la plaza, aún es posible relajarse entre sus muros cubiertos de hiedra. *Aggelou Geronta 7, Plateía Filomousou • Plano L4*

6 Kydatheneon
En verano, los clientes charlan en el jardín que mira a la plaza y en invierno se sientan en el comedor de piedra de este hermoso local de principios del siglo XX. *Plateía Filomousou • Plano L4*

7 To Tristato
El ambiente con sabor antiguo, las palmeras, los retratos y las guirnaldas, pueden distraer del motivo principal para acudir a este lugar: sus espectaculares pasteles y tés de montaña. *Aggelou Geronta y Daidalou • Plano L4*

8 Lamda
Tiene dos plantas, música *eurotechno* y una escultural clientela masculina. Es uno de los mejores bares homosexuales de Atenas. *Lempesi 15 • Plano K6*

9 DeLuxe
El modernísimo DeLuxe está normalmente abarrotado con una clientela que disfruta de la decoración años sesenta y de los pinchadiscos. En la planta de arriba sirven una estupenda comida. *Falirou 15 • Plano C6*

10 Vyni
Una de las pocas terrazas especializadas en cerveza de Atenas, ofrece cervezas internacionales y comida de *pub* helenizada. *Drakou 10 • Plano C6*

Precios

Una comida de tres platos con media botella de vino, servicio e impuestos incluidos.	**€** menos de 30 €
	€€ 30-40 €
	€€€ 40-50 €
	€€€€ 50-60 €
	€€€€€ más de 60 €

Izquierda **O Platanos** Derecha **Eden**

TOP 10 Restaurantes y tabernas

1 O Platanos

Su tierno y aromático cordero, *horta* frescos (verduras silvestres) y Retsina casero son clásicos desde 1932. En verano, se puede comer bajo el plátano gigante. *Diogenous 4 • Plano K4 • 210 322 0666 • Cerrado: domingo • No aceptan tarjetas de crédito • €*

2 Eden

Fue el primer restaurante vegetariano de Grecia. En un edificio neoclásico con un moderno interior, ofrece un ambiente agradable. *Lyssiou 12, Aerides • Plano K4 • 210 324 8858 • No aceptan tarjetas de crédito • €*

3 Scholiarhio

Aunque actualmente resulta algo turística, esta *ouzerí* sigue irradiando carácter. Las tapas del día se cogen de una bandeja. *Tripodon 14 • Plano K4 • 210 324 7605 • No aceptan tarjetas de crédito • €*

4 Elliniki Etairia

Este elegante local para almorzar ofrece tres platos diarios diferentes cuidadosamente preparados. *Tripodon 28 • Plano K4 • 210 321 5218 • Cerrado: sábado, domingo • €*

5 Bakaliarakia tou Damigou

Su nombre significa bacalao, pescado que, acompañado de una fuerte salsa de ajo, ha servido durante 140 años *Kydathinaion 41 (sótano) • Plano L4 • 210 322 5084 • No aceptan tarjetas de crédito • €*

6 Daphne's

Esta mansión neoclásica alberga un comedor con frescos. En la carta, destacan los platos sencillos. *Lysikrátous 4 • Plano L5 • 210 322 7971 • €€€*

7 Symposio

Comida del noroeste de Epiro; en su mayoría procede de la granja del propietario *(ver p. 57)*. *Erechtheiou 46 • Plano B6 • 210 922 5321 • €€€€€*

8 Strofi

La vista desde la azotea es fantástica y la comida, mejor que la típica carta de taberna. *Rovertou Gkalli 25 • Plano B5 • 210 921 4130 • €*

9 Edodi

Uno de los mejores restaurantes de Atenas, ubicado en una vieja mansión. La comida es excelente, el espacio escaso y las reservas, imprescindibles *(ver p. 57)*. *Veikou 80 • Plano C6 • 210 921 3013 • €€€€*

10 Psaras

Esta conocida y bonita taberna tiene mesas en la blanca escalinata que conduce a la Acrópolis. Pruebe el *soupes* (jibia). *Erectheos 16 & Erotokritiou • Plano K4 • 210 321 8733 • €€€*

Nota: *todos los restaurantes aceptan tarjetas de crédito y sirven platos vegetarianos si no se especifica lo contrario*

ΨΗΤΟΠΩΛΕΙΟΝ
Το Κοσμικόν
GYROS
CHIKEN GYROS
SOUVLAKI
MIXED GRILL
SEA FOOD
GREEK SALAD

Izquierda **Museo Municipal de Arte** Centro **Museo de Cerámica** Derecha **Café Avissynías**

Monastiráki, Psiri, Gazi y Thissio

DURANTE DÉCADAS ESTOS ANTIGUOS BARRIOS *de almacenes y talleres han permanecido tranquilos y algo abandonados, con la única animación del mercadillo de Monastiráki, que extiende sus antigüedades y baratijas desde Plateía Avissynías. Sin embargo, en los últimos años, el atractivo de su céntrica ubicación, las rentas baratas, las fábricas reformadas y un ambiente original animaron primero a las galerías y luego a los clubes, cafés y restaurantes a trasladarse a lo que hoy es la zona más moderna de la ciudad. Con todo, el aburguesamiento no ha robado la personalidad a estos barrios. Las tiendas de artesanía y los edificios industriales conviven con clubes, locales de música griega y plazas repletas de cafés y bares. A este conjunto hay que añadir las vistas del ágora y Kerameikós.*

Plateía Avissynías

TOP 10 Lugares de interés

1. Ágora y Museo del Ágora
2. Tecnópolis
3. Kerameikós
4. Museo Municipal de Arte
5. Mercadillo de Atenas
6. Plateía Monastiráki
7. Museo de Cerámica Tradicional
8. Biblioteca de Adriano
9. Kapnikaréa
10. Athinais

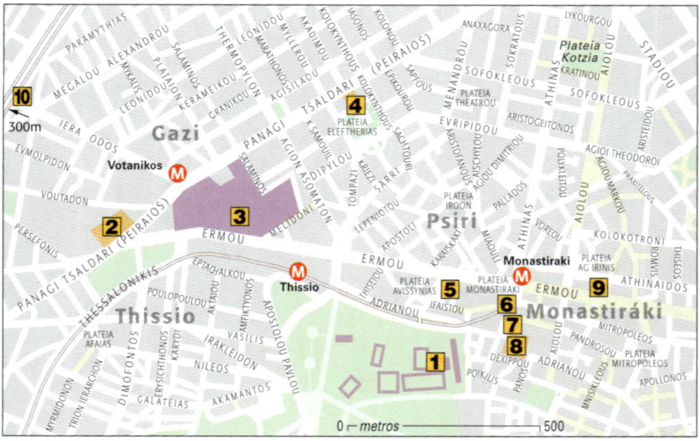

Páginas anteriores **Restaurantes de Plaka**

Estela de Demetria y Pamphile, Kerameikós

1 Ágora y Museo del Ágora

En este lugar, uno de los yacimientos arqueológicos más interesantes de Grecia, es donde Sócrates difundía sus ideas, donde san Pablo predicó y convirtió a sus primeros fieles y donde se tomaron las primeras decisiones de la joven democracia. No hay que olvidarse del templo de Hefesto o de la estoa de Attalos, que hoy alberga el excelente Museo del Ágora *(ver pp. 12-15).*

2 Tecnópolis

Este enorme complejo funcionaba como fundición y de ahí procede el nombre del barrio, Gazi (tierras del gas). Actualmente ha sido convertido en un inmenso centro de arte que alberga exposiciones de categoría, conciertos y espacios artísticos. La aparición de Tecnópolis, que significa ciudad del arte, ha provocado la revitalización de toda la zona y la aparición de bares y restaurantes modernos. En *Athens News (ver p. 131)* publican listados de los acontecimientos que aquí tienen lugar. *Peiraios 100 • Plano A4 • 210 346 7322*

3 Kerameikós

En este verde oasis situado entre fábricas y mercados de maquinaria se encuentra el cementerio más antiguo y grande del Ática. Es también la muralla exterior de la antigua ciudad, y lugar de paso de la Vía Sagrada. Esta calzada salía desde este punto, comunicando la ciudad con Eleusis, un lugar de culto situado a las afueras *(ver pp. 26-27).*

4 Museo Municipal de Arte

Los artistas griegos más importantes del siglo XX están representados en esta colección con 2.355 obras de arte. Entre ellas se incluyen cuadros y grabados así como varios dibujos del arquitecto bávaro Ernst Ziller, diseñador de muchos de los edificios neoclásicos más relevantes de Atenas. También se pueden contemplar sus planos para el teatro Nacional y los diseños de las casas privadas más espléndidas de la ciudad, transformadas en su mayoría en museos y espacios públicos.
Norte de Plateía Eleftherias • Plano B3 • Horario: lu-vi 9.00-13.00, 17.00-21.00, do 9.00-13.00 • Gratis

Antigua ágora

Mercadillo

5 Mercadillo de Atenas

La pequeña Plateía Avissynías se anima los domingos por la mañana cuando el mercadillo más grande y colorido de Atenas ocupa todo su espacio y las calles circundantes. Aquí se puede encontrar todo lo imaginable: juegos de licor de cristal turcos, teléfonos de 100 años que aún funcionan, hermosos escritorios antiguos de madera tallada y montones de fantásticas baratijas. Conviene acudir con ánimo de regatear. *Plateía Avissynías y Ermoú • Plano J3*

6 Plateía Monastiráki

Se sabe que en este lugar ha habido una iglesia y un monasterio al menos desde el siglo X. La actual iglesia fue construida en 1678. En otro tiempo, el monasterio era propietario de muchos de los edificios circundantes, más tarde destruidos. El nombre de la zona (Monastiráki significa pequeño monasterio) procede de aquella época gloriosa. La iglesia ha sido sometida a una restauración y la plaza se ha excavado para albergar la estación de metro. Las obras descubrieron lo que se cree que es un edificio del siglo V con coloridos mosaicos. *Plano J3*

La comunidad judía

Desde el siglo III a.C., han vivido numerosos judíos griegos en la zona de Psiri y Kerameikós. En 1944, los nazis que ocuparon Atenas enviaron a más de la mitad a campos de concentración. La comunidad poco a poco ha recuperado de nuevo el centro de la vida judía en Grecia.

7 Museo de Cerámica Tradicional

Este museo, anexo del Museo de Arte Tradicional Griego *(ver p. 70)*, ocupa una mezquita del siglo XVIII. La extensa colección incluye ricas piezas de cerámica, escultura y objetos decorativos tradicionales de Grecia y Asia Menor (actual Turquía). La mayoría de las piezas están realizadas en terracota o con la brillante cerámica vidriada y decorada que tanto gustaba a los antiguos minoicos. *Areos 1 • Plano J3 • 210 324 2066 • Horario: lu y mi-do 9.00-14.30 • Se cobra entrada*

Figura del Museo de Cerámica

8 Biblioteca de Adriano

El emperador romano Adriano construyó esta suntuosa biblioteca (en realidad un lujoso foro) en el año 131 d.C. Disponía de un patio, suelos de mosaico, zonas para conciertos y un pequeño espacio para almacenar los rollos de la biblioteca, todo ello enmarcado por elaboradísimas columnas corintias. Tras una amplia excavación y restauración, parte del recinto está abierto al público *(ver p. 45)*. *Plano J3 • Horario: verano 8.00–19.00 todos los días; invierno 8.00–15.00 todos los días • Se cobra entrada*

9 Kapnikaréa

En Atenas, uno de los mayores placeres es pasear por una calle y, de repente, encontrarse frente a un monumento con siglos de antigüedad. Un instante así, lo

Biblioteca de Adriano

provoca la hermosa iglesia del siglo X conocida como Kapnikaréa, que se sitúa en el centro de la calle comercial de Ermoú. Fue construida sobre las ruinas de un antiguo templo dedicado a una diosa, hoy rinde culto a la Virgen. *Kapnikarea con Ermoú • Plano K3 • Horario: lu y mi 8.00-14.00, ma, ju y vi 8.00-12.30 y 17.00-19.00, do 8.00-11.30 • Gratis*

10 Athinais

Se trata de una antigua fábrica de seda convertida en un centro de arte moderno. Cuenta con un museo, un bar, un teatro, un cine y dos restaurantes, uno de ellos, Red, es famoso por su creativa cocina y su decoración con cortinas rojas *(ver p. 57)*. Consultar los listados de espectáculos en *Athens News*. *Kastorias 34–36, Votanikos • Plano A3 • 210 348 0000*

Kapnikaréa

Mercados dominicales

Mañana

Se puede comenzar el día disfrutando del desayuno dominical que se sirve en el patio ajardinado del **Athenaeum María Callas** *(ver p. 82)*, al son de famosas grabaciones de ópera.

Después de desayunar dirigirse a la tienda de **Stavros Melissinos** *(ver p. 83)* en Psiri. Este artesano confecciona sandalias a medida y vende sus libros de poesía.

Continuar el recorrido hasta Plateia Monastiraki, dominada por el **Museo de Cerámica Tradicional,** al que se puede dedicar una breve visita. Merece la pena ir a la parte que está abierta al público de la **biblioteca de Adriano.**

Tarde

Después hay que dirigirse al **ágora romana** *(ver pp. 12-15)*, la amplia plaza del mercado que fue el corazón de Atenas durante siglos. Se le puede dedicar unas dos horas, sin olvidarse de visitar el bien conservado templo de Hefesto y la restaurada estoa de Attalos, sede del magnífico Museo del Ágora.

Es hora de bajar de nuevo por Adrianou para disfrutar del animado ambiente del **mercadillo** de Plateía Avissynías. A estas alturas del día suele ser mayor la cantidad de baratijas que de antigüedades a buen precio.

Un buen lugar para terminar este recorrido es el **Café Avissynías** *(p. 84)* donde se puede disfrutar de buenos platos en compañía de la música.

Izquierda **Mercado de flores** Derecha **Plateía Iroon**

TOP 10 Y además...

1 Mercado de flores

Situado alrededor de la iglesia de santa Irene es un buen lugar para hacer fotografías. ✆ *Plateía Agías Eirinis • Plano K3 • Horario: todos los días por la mañana*

2 Artio

Artio, una de las galerías de mayor prestigio de Psiri, impulsa el trabajo de artistas de vanguardia. ✆ *Pallados 3 • Plano J2 • Horario: ma-vi 12.00-16.00 y 18.00-21.00, sá 12.00-16.00*

3 Plateía Iroon

La quintaesencia de Psiri: la plaza está rodeada de bares modernos, tabernas antiguas y locales baratísimos frecuentados por estudiantes. ✆ *Plano J2*

4 Cine Psiri

Este fantástico cine al aire libre suele proyectar clásicos en blanco y negro y películas extranjeras (en versión original con subtítulos en griego). ✆ *Sarri 40–44 • Plano B3 • 210 324 7234*

5 Primera sinagoga de Atenas

Antes de la II Guerra Mundial, aquí se encontraba el corazón de la próspera comunidad judía de Atenas. Cerca de la sinagoga más antigua de la ciudad, al otro la de la calle, se sitúa la sinagoga Beth-Salom, principal lugar de reunión de los judíos ✆ *Melidoni 8 • Plano B4*

6 Athenaeum María Callas

Este conservatorio acoge el concurso internacional de ópera María Callas que se celebra todos los años. El desayuno dominical en el patio se acompaña con grabaciones de ópera. ✆ *Adrianou 3 • Plano B4*

7 Adrianou

El tramo de esta calle que se extiende desde el metro Thissio hasta la biblioteca de Adriano ofrece una fantástica vista de la antigua ágora y la Acrópolis ✆ *Plano K3*

8 Galería Bernier/Eliades

Una de las galerías pioneras de Atenas expone obras de artistas internacionales sin dejar de lado a los principales artistas griegos. ✆ *Eptachalkou 11 • Plano A4*

9 Museo de Arte Islámico Benaki

Este museo ubicado en un edificio de estilo neoclásico, dominando Keramikos, muestra, en cuatro amplias salas, cerámica, metalistería, esculturas de madera, cristalería y tejidos islámicos. ✆ *Agion Asomaton 22 & Dipilou • Plano B3 • 210 325 1311 • www.benaki.gr*

10 Irakleidon

Esta calle, llena de cafés, bares y modernos, compagina cierto sabor antiguo con la modernidad; está animada día y noche. ✆ *Plano A4*

Izquierda **Vendedor callejero** Centro **Mercadillo de Atenas** Derecha **Puestos de antigüedades**

TOP 10 Compras

1 Bahar
Toda la zona que rodea el mercado central de carne está repleta de antiguas tiendas familiares que venden alimentos tradicionales. Bahar es uno de los establecimientos de hierbas más famosos. *Evripidou 31 • Plano K2*

2 Palaiopoleio Alexandros
Nunca se sabe lo que se puede descubrir entre montones de libros, adornos y ropa de esta tienda. *Thisiou 10 • Plano B4*

3 Mercadillo de Atenas
Aquí hay de todo, desde monedas antiguas hasta réplicas de gafas de sol de diseño, ropa interior y antigüedades a precios de saldo *(ver p. 80)*.

4 Katerina
Este pequeño local atesora una hermosa selección de tradicionales tableros de *tavli (backgammon)* hechos de madera. Precios a partir de 10 €. *Ifaistou 21 • Plano J3*

5 Boots & Belts
Esta tienda está repleta de artículos de piel. Su propietario, Pantelis, puede hacer una copia exacta en cuero de cualquier vaquero por 300 €. *AG. Theklas 12 (segunda planta) • Plano J3*

6 Spiliopoulos
Creaciones de los principales diseñadores de zapatos a mitad de precio. Sus bajos precios se deben a pequeños defectos de fábrica o por tratarse de modelos pertenecientes a líneas experimentales. *Adrianou 50 • Plano K4*

7 Stávros Melissinós
Este alegre personaje abrió su tienda de duraderas sandalias de cuero hechas a mano en 1954. El zapatero poeta ha enriquecido los estilos y se ha convertido en una atracción turística por derecho propio. *AG. Theklas 2 • Plano J3*

8 Antigüedades Martinos
Esta tienda de tres plantas, una leyenda en el mercado de antigüedades griego, almacena muebles, oro y plata, cuadros, alfombras, libros y adornos de todo el mundo. *Pandrosou 50 • Plano K3*

9 Aristokratikon
Estos bombones, fabricados artesanalmente cada día sólo con los mejores ingredientes griegos, satisfacen a los más entendidos. *Karageorgi Servias 9*

10 Kalyviotis
La zona que rodea Ermoú y Perikleous está salpicada de tiendas llenas de hilos, telas, cuentas y botones. Kalyviotis es la mejor mercería. *Ermoú 8 • Plano L3*

Izquierda **Pil Poule** Derecha **Café Avissynías**

Precios

Una comida de tres platos con media botella de vino, servicio e impuestos incluidos.		
	€	menos de 30 €
	€€	30-40 €
	€€€	40-50 €
	€€€€	50-60 €
	€€€€€	más de 60 €

TOP 10 Dónde comer

1 Café Aeolis
A la hora del almuerzo, los clientes llenan este luminoso y moderno café para tomar comidas ligeras. Más tarde, pasan a las mesas del exterior para tomar vinos y cócteles. *Aiolou 23 • Plano K3 • €*

2 Thanassis
El local de *souvlaki* más famoso de Atenas lleva desde el siglo XIX sirviendo jugosa ternera en lonchas, aderezada con *tzatziki* fría con sabor a ajo y envuelta en forma de *pita*. *Mitropoleos 69 • Plano K3 • €*

3 Café Avissynias
En las tardes de domingo, se puede acudir a esta joya *belle époque* que mira hacia el mercado de Monastiráki. Comida y música francesa y árabe. *Plateía Avissynías • Plano J3 • Cerrado: lunes • €*

4 Oineas
Comida de taberna con un toque especial: de gran calidad y moderna. Se puede compartir una inmensa ensalada y seguir con *spanakopitas* (tartas de espinacas) y pollo balsámico. *Aisopou 9 • Plano J2 • €*

5 To Varoulko
El menú de este excelente restaurante varía a diario según lo que proporciona el mar. Interior moderno y pulcro, en madera y cristal. *Pireos 80 • Plano B3 • 210 522 8400 • Cerrado: domingos • €€€€*

6 Pil Poule
Su exquisita cocina combina con el entorno elegante; la entrada con alfombra y el jardín de la azotea con una fantástica vista *(ver p. 57). Apostolou Pavlou 51 • Plano B4/5 • 210 345 0803 • €€€€€*

7 Kitrino Podilato
Sirve comida innovadora con estilo. Pruebe el salmón ahumado con whisky. Plous Podilato es una sucursal en El Pireo *(ver p. 106). Kerameikou 114–116 • Plano A3 • 210 346 5830 • €€€€*

8 Hytra
Los dueños del Spondi *(ver p. 56)* han proporcionado un toque moderno a Psiri con la cocina mediterránea de este comedor minimalista. *TNavarhou Apostoli 7 • Plano B4 • 210 331 6767 • €€€*

9 Mamacas
Comida de taberna preparada con estilo pero con respeto hacia su toque fundamental: el sabor fuerte y fresco *(ver p. 57). Persephonis 41, Gazi • €€*

10 Aristera-Dexia
La entrada juega con el nombre: derecha-izquierda. Pero su verdadero atractivo es la comida *(ver p. 56). Andronikou 3, Gazi • Cerrado: julio y agosto• €€€€*

***Nota:** todos los restaurantes aceptan tarjetas de crédito y sirven platos vegetarianos si no se especifica lo contrario*

Izquierda **Venue** Derecha **Spirit Bar**

TOP 10 Vida nocturna

1 Venue
Con tres plantas, cada una con música diferente, es uno de los clubes más selectos de Atenas. Es difícil entrar si no se tiene contactos. En verano se traslada a la costa.
Ag Eleousis & Kakourgodikeiou • Plano J2/3

2 Alekos Metropolitan
La gente guapa llena el interior en blanco y plata de esta versión ateniense del restaurante y club originario de Mykonos.
Mitropoleos • Plano K3

3 Bee
El Bee bulle con una clientela *progre* de homosexuales y heterosexuales que acuden por la decoración original, la excelente comida y el ambiente agradable. *Miaouli y Themidos • Plano J3*

4 Spirit Bar
Una heterogénea clientela abarrota este club de dos pisos. El ambiente es bueno y hay mucho espacio para bailar al ritmo del funk y el trip-hop. *Miaouli 13 • Plano J2/3*

5 Cubanita
La pista de baile la dominan cada noche estupendos bailarines españoles y sudamericanos; si no se está a la altura se puede disfrutar de la comida y música cubana *Karaiskaki 28 • Plano J2/3*

6 Thirio
En esta casa antigua convertida en bar, las pequeñas salas de piedra parecen sucederse sin fin. La iluminación es tenue, con velas y luces en forma de estrella. Predomina el jazz. *Lepeniotou 1 • Plano B4*

7 Fidelio
Guirnaldas que caen desde el techo, velas en viejos candelabros de plata, muebles antiguos, y atenienses a la moda de todas las edades pasando relajadamente un buen rato. *Ogygou 2 y Apostoli • Plano B4*

8 Split
Modelos y artistas cenan comida mediterránea y abarrotan el fantástico bar después de medianoche. El control de la entrada puede resultar desalentador. *Kriezi 3 • Plano B3*

9 Soul
Elegante pero divertido e informal. Tiene un maravilloso patio ajardinado con farolillos, muros en rojo y plantas exuberantes.
Evripidou 65 • Plano B3

10 Mikra Asia
Su nombre significa Asia Menor. Este salón con ambiente turco-árabe luce una decoración de sillones bajos, cojines, luces rojas y azulejos de colores.
Konstantinoupoleos 70 • Plano A2/3

Izquierda **Plateía Exárcheia** Centro **Centro Cultural de Atenas** Derecha **Colina Stréfi**

Omónia y Exárcheia

OMÓNIA Y EXÁRCHEIA *son dos de los barrios más antiguos de Atenas. Aunque no se pueda calificar a ninguno de ellos como bonito, ambos tienen una rica historia, en parte bastante reciente. En 1973, la Junta aplastó en Exárcheia el levantamiento estudiantil del Politécnico, que condujo a la caída de la dictadura militar. Los estudiantes dejaron tras de sí un barrio lleno de cafés con tertulias políticas. Además, éste es el mejor lugar para escuchar* rembétika. *Por debajo de Exárcheia se encuentra el barrio de Omónia, y algo más alejado, el colorido barrio del Mercado.*

Izquierda **Museo Arqueológico Nacional** Derecha **Academia de las Artes**

TOP 10 Lugares de interés

1. Mercado Central
2. Plateía Klafthmonos
3. Museo de la Ciudad de Atenas
4. Universidad de Atenas y Academia de las Artes
5. Plateía Omónia
6. Plateía Exárcheia
7. Politécnico
8. Museo Epigráfico
9. Museo Arqueológico Nacional
10. Pediou tou Areos

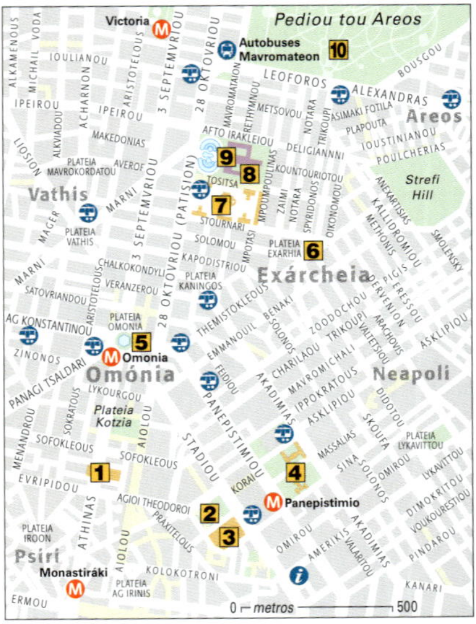

Mercado Central

1 Mercado Central

Los enormes mercados de carne, pescado y especias provocan una sobrecarga sensorial pero nadie debe perdérselo. En el mercado de carne hay varios restaurantes, e incluso un *rembetatiko,* abiertos todo el día. Alrededor de las tiendas de especias, en Athinas, huele a vainilla, azafrán y tomillo de montaña. *Plano K1/2 • Horario: lu-sá 7.00-15.00*

2 Plateía Klafthmonos

Esta plaza ha tenido durante mucho tiempo un papel en la historia política de Atenas. Su nombre procede de la palabra del griego clásico que designa el lamento: los políticos se lamentaban en esta plaza cuando habían perdido las elecciones. Aquí también se celebran carreras de coches, manifestaciones y conciertos. *Plano L2*

3 Museo de la Ciudad de Atenas

Ésta fue la primera casa construida en Atenas después de ser declarada capital del nuevo reino de Grecia en 1834. Otto I, el primer rey del país, mandó unirla con el edificio adyacente y vivió en ella mientras esperaba a que se construyera el primer palacio Real (hoy Parlamento). Actualmente alberga una colección de cuadros y muebles que relata la historia moderna de la ciudad, centrándose en la guerra de independencia *(ver p. 34)* y los primeros años de la monarquía. *Paparrigopoulou 7 • Plano L2 • 210 324 6164 • Horario: lu, ju-do 10.30-18.00, mi 12.00-14.00 • Se cobra entrada*

4 Universidad de Atenas y Academia de las Artes

La Universidad de la ciudad, la Academia de las Artes y la Biblioteca Nacional *(ver p. 90)* forman el trío de los edificios neoclásicos más importantes de Atenas. En la entrada a la universidad, las basas y los capiteles de las columnas son réplicas de las de los propileos de la Acrópolis, y la entrada a la Academia se inspira en el extremo oriental del Erecteion. En los frescos de la Universidad hay representaciones de las artes alrededor del rey Otto. *Panepistimiou • Plano L/M1–2*

Museo de la Ciudad de Atenas

Academia de las Artes

5 Plateía Omónia

Hace 100 años, Omónia era una de las plazas más grandes, elegantes e importantes del centro de Atenas. Actualmente, es un lugar frecuentado por prostitutas, vendedores de pornografía, drogadictos, vendedores ambulantes y turistas. Está rodeada por una constante y caótica maraña de tráfico y construcciones. Preparando las Olimpiadas, Omónia ha vivido una importante transformación con la apertura de espacios de arte, la creación de un paseo peatonal y un plan de restauración de sus otrora hermosas fachadas neoclásicas. *Plano C2*

6 Plateía Exárcheia

Puede parecer algo descuidada, pero aquí es donde se desarrolla toda la actividad liberal e intelectual de los cafés. Las calles que llegan hasta esta plaza están cubiertas de pintadas de los movimientos en contra de la globalización y abundan los carteles que anuncian las manifestaciones de la semana. Pero entre el ambiente revolucionario también aparece el aburguesamiento, como se puede ver en ciertos locales, como la crepería llamada Anarquía. Por la noche se convierte en un lugar con ambiente al que acudir cuando comienza a sonar la música *rembétika*. *Plano D2*

17 de noviembre de 1973

Los estudiantes del Politécnico del curso de 1973 son los principales héroes del Estado griego moderno. El 17 de noviembre de 1973 se manifestaron contra la Junta, que llevaba en el poder desde 1967. El levantamiento fue reprimido con tanques y armas, pero su valentía provocó finalmente la caída de la Junta un año más tarde.

7 Politécnico

Aquí es donde comenzó la manifestación de estudiantes de 1973 *(ver cuadro)*. Frente al Politécnico se encuentra una estatua de mármol en recuerdo a los héroes caídos en el levantamiento. Cada año, todos los políticos de Grecia visitan el 17 de noviembre este monumento para depositar flores en él. *Plano C/D1*

8 Museo Epigráfico

En este museo se expone una de las mejores colecciones del mundo de inscripciones antiguas, incluidos los archivos oficiales de la joven Atenas grabados en placas de piedra y mármol. Es un fascinante tesoro de

Estatua a los héroes caídos, Politécnico

la tradición ateniense. Entre las piezas más importantes destaca un decreto de la asamblea de Atenas que ordena la evacuación de la ciudad ante la invasión persa de 480 a.C.; una ley sagrada en relación al culto en los templos de la Acrópolis; y una estela tallada con las cuentas de la construcción del Erecteion de la Acrópolis hace unos 2.400 años. *Tositsa 1 • Plano D1 • 210 821 7637 • Horario: ma-do 8.30-15.00 • Gratis*

9 Museo Arqueológico Nacional

Ánfora del Dipylon, Museo Arqueológico

Esta colección casi sin igual es el referente de las exposiciones arqueológicas en un país que sin duda se encuentra en uno de los terrenos más ricos en yacimientos del mundo. Destaca el tesoro de oro de la Micenas de Homero y las estupendas esculturas clásicas de mármol, sin saltarse ningún periodo intermedio *(ver pp. 16-17 y 46).*

10 Pediou tou Areos

El parque más grande de Atenas es verde y espacioso, aunque no resulta tan encantador ni la vegetación es tan densa como en los Jardines Nacionales. A pesar de su extensión, Pediou tou Areos causa la impresión de ser un parque de barrio, con personas mayores sentadas en los bancos y niños montando en bicicleta. Dada su proximidad a la política e intelectual Exárcheia, es a menudo escenario de conciertos al aire libre y acontecimientos culturales como la Feria del Libro *(ver p. 53). Leoforos Alexandras • Plano D1*

Un día en Omónia

Mañana

Se puede comenzar en la joya de Grecia: el **Museo Arqueológico Nacional,** dedicándole unos 90 minutos, sin olvidarse del tesoro de Micenas, los frescos de Thíra y la escultura clásica.

Al dejar el museo, si se gira a la izquierda en Patission, se llega al **Politécnico,** escenario de las históricas protestas de 1973. En el exterior del edificio hay una estatua de mármol en recuerdo a los estudiantes caídos.

Desviarse a la izquierda en Stournari y dirigirse a **Plateía Exárcheia** para tomar un *frappé* y ver pasear a gente de lo más variopinto. En verano, se puede recalar en **Yiantes** *(ver p. 92)* para almorzar al fresco.

Tarde

Colina abajo por Themistokleous, tienen sus oficinas la mayoría de las productoras de cine independientes. Atravesar Plateía Omónia, para ver el lugar más caótico de Atenas. El camino prosigue por Athinas.

Antes de desviarse a la izquierda en Sophocleous, se pasa junto al **Ayuntamiento de Atenas** *(ver p. 90),* situado a la derecha. Si se baja por esta calle, se llega al **Banco Nacional de Grecia,** construido sobre parte de la muralla de Temístocles.

Retrocediendo se desemboca en el verdadero corazón de la zona: el **Mercado Central de Alimentación** *(ver p. 87).* Si no es verano, se puede terminar en **Stoa Athanaton** *(ver p. 93),* el mejor *rembetatiko* de la ciudad, y disfrutar de fantástica música y una deliciosa comida tradicional.

Izquierda **Teatro Nacional** Derecha **Ayuntamiento de Atenas**

TOP 10 Y además...

1 Teatro Nacional
El perfil de la biblioteca de Adriano sirvió de modelo para la fachada de este elegante edificio neoclásico. Las representaciones de la compañía del teatro Nacional son las mejores de Grecia. *Agiou Konstantinou 22 • Plano B2 • 210 522 3242*

2 Ayuntamiento de Atenas
Se trata del cuartel general desde donde se ha dirigido la expansión de Atenas y los preparativos para los Juegos Olímpicos. Frente a él se ha abierto una excavación arqueológica. *Athinas 63 • Plano J1*

3 Galería Rebecca Camhi
Esta galería presenta artistas contemporáneos, tanto griegos como extranjeros. Hay que concertar la visita. Consultar las exposiciones en la página web. *Themistokleous 80 (tercera planta) • Plano D2 • www.rebeccacambi.com*

4 Agioi Theodoroi
Una diminuta iglesia del siglo XI en medio del bullicio de la plaza del mercado. Los frescos son del siglo XIX. *Plateía Agion Theodoron • Plano K2*

5 Biblioteca Nacional
Uno de los tres importantes edificios neoclásicos del centro *(ver p. 87)*. Merece la pena admirar la preciosa sala de lectura. *Panepistimiou 28–29 • Plano L1 • Horario: lu-vi 9.00-14.00*

6 Ópera Nacional
La acústica no es muy buena y el Megaron Moussikis atrae a muchas más estrellas internacionales, pero las fieles generaciones de gente bien siguen acudiendo a ella. *Akadimias 59–61 • Plano L1*

7 Centro Cultural de Atenas
Exposiciones gratuitas de artistas griegos contemporáneos, un museo de teatro y un café desde el que se puede ver a la gente pasar. *Akadimias 50 • Plano M1 • 210 362 1601 • Horario: ma-sá 9.00-13.00, 17.00-21.00*

8 Agios Nikólaos Pefkakia
Construida en 1895, la iglesia de Agios Nikólaos Pefkakia (san Nicolás de los Pinos) corona la empinada calle Dervenion y sirve de elevado punto de referencia para todas las calles inferiores. *Asklipiou • Plano E2*

9 Odos Kallidromiou
Acudiendo al colorido mercado del sábado que se celebra aquí se descubre la auténtica y vibrante comunidad de Exárcheia. *Plano D2*

10 Colina Stréfi
No es la colina más hermosa de Atenas, pero ofrece una magnífica vista de los dinámicos barrios de Exárcheia y Omónia. *Anexartisias y Emmanouil Benaki • Plano E1*

Izquierda **Eleftheroudakis** Centro **Karavan** Derecha **Zolotas**

TOP 10 Compras

1 Loumidis
Esta gran tienda de café está especializada en una variedad típica griega y turca: vende *brikia* para hervir, tazas y platillos y delicias dulces. *Aiolou 106 • Plano C2*

2 Lambropoulos
Es uno de los escasos grandes almacenes en este país de tiendas pequeñas y *boutiques*. Ofrece una gran gama de artículos locales e internacionales. *Aiolou 99 • Plano C3*

3 Stoa tou Vivliou
En medio del bullicioso corazón comercial de Atenas, esta arcada tranquila y recientemente reformada agrupa abundantes librerías, encuadernadores y anticuarios. *Entre Panepistimiou, Pezmazoglou y Stadiou • Plano C3*

4 Instrumentos musicales Nakas
Cinco plantas con todo lo que un músico pueda necesitar, desde tradicionales *bouzoukia* pintados hasta violines, partituras, mesas para pinchadiscos y potentes altavoces. *Navarinou 13 y Mavromichali • Plano D2/3*

5 Tsitouras
Extravagantes y hermosos objetos para el hogar, regalos, sábanas y toallas, vajillas y cuberterías. *Solonos 80 • Plano D3*

6 Eleftheroudakis
Siete plantas de libros en griego y en inglés así como una sucursal del Food Company de Kolonáki, donde los compradores pueden hacer un alto y disfrutar de la tarta de zanahoria. *Panepistimiou 17 • Plano M2*

7 Zolotas
La joyería Zolotas, famosa por sus delicadas creaciones en oro labrado, es desde hace mucho tiempo una de las firmas más valoradas de Atenas. *Panepistimiou 10 • Plano M2*

8 Karavan
En esta tienda diminuta pero merecidamente popular, se puede elegir entre *baklava* y *kataifi*, ambos deliciosos. *Voukourestiou 11 • Plano M2*

9 Zoumboulakis
Esta famosa galería y tienda de arte dispone de una espectacular selección de cuadros originales y grabados firmados y numerados de muchos de los mejores artistas griegos. *Kriezotou 7 • Plano M3*

10 Athens Design Centre
Recipientes, fuentes, jarrones y adornos atrevidos y brillantes; algunos están decorados con rayas, con líneas zigzagueantes, o con sencillas frutas pintadas, otros simplemente se han dejado al natural. *Valaritou 4 • Plano M2*

Izquierda **Barba Yannis** Centro **Kafeneion to Naufayio ton Aggelon** Derecha **Athinaikon**

TOP 10 'Ouzerí' y 'mezadopoleio'

1 Efemero

Se puede sentar en los bancos de madera de esta antigua casa ateniense para degustar el cerdo asado con pimienta en grano y aceitunas que es excelente. *Themistokleous y Methonis • Plano D2 • €*

2 Barba Yannis

No hay carteles pero este popular local es reconocible por la cantidad de estudiantes que lo frecuentan en busca de los suculentos y baratísimos platos del tío Juan. *Emmanouil Benaki 94 • Plano D2 • €*

3 Cookou Food

Este establecimiento agradable y *funky* ofrece platos de taberna con un toque personal y especiados. *Themistokleous 66 • Plano D2 • 210 383 1955 • €*

4 Yiantes

Ofrecen creativos clásicos de taberna, como el pollo con miel, pasas y cilantro, servidos en un hermoso patio. La mayor parte de los productos son biológicos. *Valtetsiou 44 • Plano D2 • 210 330 1369 • €*

5 Taverna Rozalia

La clientela, de modernos y lugareños, acude a este agradable *mezadopoleío*. Tiene un acogedor interior con vigas de madera y un patio para el verano. *Valtetsiou 58 • Plano D2 • 210 330 2933 • €*

6 Kafeneion to Naufayio ton Aggelon

El Naufragio del Ángel consta de dos salas diminutas con baldosas originales. En la planta baja se puede tomar pulpo y remolacha con ajo para acompañar el *ouzo*. *Stournari 41 • Plano C2 • 210 380 7061 • €*

7 Athinaikon

Una querida y céntrica institución ateniense, especialmente entre los periodistas. Los suculentos *mezes* son siempre buenos. *Themistokleous 2 • Plano C2 • 210 383 8485 • €*

8 Meat Market Restaurant

Todo se prepara con productos del día comprados en el mercado. Permanece abierto hasta el amanecer, por ello los noctámbulos vienen aquí después de una larga noche. *Plano J1 • €*

9 Diporto

Los habitantes del mercado llenan el lugar. Hay que pedir lo que se quiere en la cocina y llenar el vaso en los barriles de la pared. *Theatrou 1 • Plano J1 • Horario: lu-sá 8.00-18.00 • €*

10 Klimataria

En una zona gris de Omónia se encuentra esta agradable taberna con sabor antiguo. Los suelos están pintados de rojo y los barriles decorados. *Plateía Theatrou 2 • Plano J1 • 210 321 6629 • €*

***Nota:** en las ouzerí y mezedopoleio es costumbre pagar en metálico; sirven muchos platos vegetarianos. Precios* **ver p. 101**

Izquierda **Stoa Athanaton** Derecha **Rembetiki Istoria**

TOP 10 'Rembetatika' y clubes de rock

1 Stoa Athanaton
El primer *rembetatiko* de Atenas permanece abierto día y noche. Los veteranos lanzan flores a los músicos y cuando se animan, bailan al ritmo de descaradas canciones de desengaño. Reservar viernes y sábado. *Mercado Central (en la arcada) • Plano J1*

2 Rodon-Live Rock
Este cine reformado es una institución en el mundo del rock ateniense. *Marni 24 • Plano C2*

3 Boemissa
Una anodina decoración no impide que el ambiente se anime agradablemente después de las 2.00. Uno de los pocos *rembetatika* que atrae a una clientela principalmente joven y moderna. *Solomou 13 • Plano C2*

4 An
Uno de los clubes con música en directo más antiguos y queridos de Atenas; ofrece rock y bandas alternativas. Fiestas con música acid a partir de la 1.00. *Solomou 13-15 • Plano C2*

5 Taximi
La mayoría de los mejores músicos de *rembétika* de Grecia ha actuado aquí; el ambiente aún conserva toques de épocas pasadas. *Charilau Trikoupi y Isavron 29 • Plano E2*

6 Decadence rock
Los amantes de la música alternativa griega y los modernos acuden a esta sala para bailar. *Voulgaroktonou 69 y Poulcherias 2 • Plano E1*

7 Stathmos
La decoración no destaca por su buen gusto y las bebidas son caras pero no se puede negar el entusiasmo de la multitud de griegos que baila con sus canciones favoritas. *Mavrommataio 22 • Plano D1*

8 Rembetiki Istoria
Las paredes y techos con molduras originales de este famoso bar, oculto en un edificio de principios del siglo XX, ofrecen un contraste agradable con la desenfadada música. *Ippokratous 181 • Plano E2*

9 Parafono
Estupendo y pequeño cabaré de jazz y blues que durante 20 años ha atraído a algunos de los mejores nombres de estos estilos a su escenario. *S. Kinnis 1 y Asklipeiou 130 • Plano F2*

10 Kavouras
En la planta superior hay un local oscuro y lleno de humo donde se escucha música tradicional griega; en la planta de abajo, y con el mismo nombre, ofrecen *souvlaki* durante toda la noche. *Themistokleous 64 • Plano D2*

Los rembetatika *son clubes especializados en* rembétika, *a menudo apodado blues griego*

Izquierda **Estadio Kallimármaro** Centro **Plateía Syntagma** Derecha **Museo Benáki**

Syntgma y Kolonáki

Evzon

PLATEÍA SYNTAGMA ES EL CENTRO DE LA ATENAS MODERNA, *coronada por el edificio neoclásico del Parlamento. En el exterior patrullan los évzones, los soldados que marchan solemnemente con las tradicionales faldas y los zuecos con pompones. Junto al Parlamento, la amplia avenida Vasilissis Sofias, bordeada de árboles, reúne algunos de los mejores museos de Atenas. Detrás de Syntagma se extiende el elegante Kolonáki, hogar de embajadores, modelos, estrellas de cine y escaparate de boutiques de diseño. Ésta es la principal zona para compra y sentarse en cafés elegantes y caros. Dominándolo todo se eleva la colina Lykavittós, que alberga un famoso teatro al aire libre y cafés y restaurantes con una vista maravillosa.*

TOP 10 Lugares de interés

1. Estadio Kallimármaro
2. Jardines Nacionales
3. Edificio del Parlamento nacional
4. Estación de metro Syntagma
5. *Évzones*
6. Museo Benáki
7. Museo de Arte Cicládico
8. Museo Bizantino
9. Museo de la Guerra
10. Colina Lykavittós

Museo de Arte Cicládico

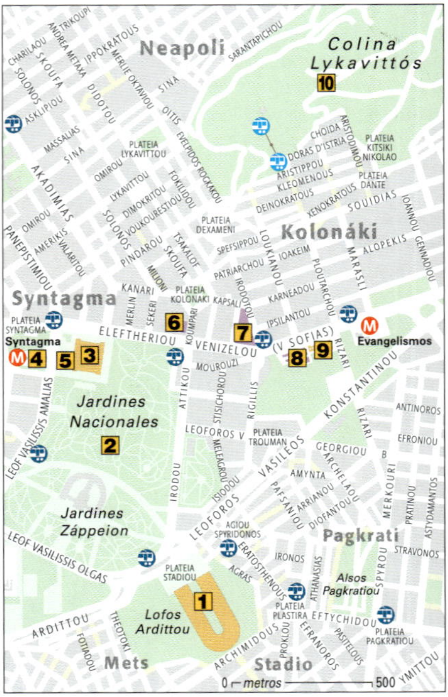

1 Estadio Kallimármaro

El nombre oficial de este estadio es Panatenaico, pero comúnmente se le conoce como Kallimármaro, que significa mármol hermoso. Fue construido en el año 330 a.C. para los Juegos Panatenaicos pero más tarde cayó en desuso. En 1895, Georgios Averoff donó una gran cantidad de dinero para restaurarlo con mármol pentélico con el fin de que al año siguiente albergara la primera Olimpiada moderna. Durante los Juegos constituyó el tramo final para la maratón y acogió la competición de tiro con arco *(ver p. 62)*. *Vas Konstantinou • Plano N6 • Horario: lu-vi 8.30-13.00 y 15.30-19.00*

2 Jardines Nacionales

Los inmensos y sombreados Jardines Nacionales ofrecen un inesperado refugio verde en el centro de Atenas. Se crearon en 1839 como jardín Real para la reina Amalia, quien encargó plantar 15.000 plantas de jardín y exóticas, muchas de las cuales todavía se conservan. El jardín, salpicado por esculturas, se abrió al público en 1923. Alberga un pequeño zoo, un lago con patos y una zona de juego *(ver p. 52)*. *Amalias • Plano M4*

Jardines Nacionales

3 Edificio del Parlamento nacional

Este imponente edificio se construyó en 1842 como palacio para Otto I, el primer rey de Grecia tras la independencia. En los 70 años siguientes, sufrió el abandono y en 1923, durante un periodo de escasez de vivienda, sirvió de refugio para personas sin hogar. Con el regreso del Gobierno parlamentario en 1926, el edificio se limpió, se reformó y se reabrió como consejo unicameral para el Parlamento, funciones que cumple en la actualidad. La biblioteca se puede visitar. *Plateía Syntagma • Plano M3 • Biblioteca: lu-vi 9.00-13.30*

4 Estación de metro Syntagma

La estación Syntagma es al mismo tiempo museo y centro de transportes. Cuando se iniciaron las obras para ampliar el metro, los arqueólogos encontraron miles de objetos de valor incalculable en este lugar, que ha permanecido ocupado desde la época clásica, prueba de ello es que se han descubierto dos cementerios. Muchos de los hallazgos están expuestos en la estación pero lo que destaca es la pared de cristal que mira hacia el yacimiento *(ver p. 44)*. *Plano M3*

Edificio del Parlamento nacional

5 *Évzones*

Frente al Parlamento montan guardia los famosos *évzones,* soldados vestidos con el atuendo tradicional de los rebeldes que ganaron la guerra de independencia. El uniforme consta de una falda blanca corta con 400 tablas (que simbolizan los años de dominación turca), un gorro rojo y zapatos rojos con pompones. El cambio de guardia es ceremonioso. A los *évzones* se los selecciona entre los hombres más altos y apuestos del servicio militar griego. *Plano M3 • Cambio de guardia cada hora*

6 Museo Benáki

El Benáki es uno de los mejores museos de Grecia, no sólo por su extensa y fantástica colección de arte griego, que abarca desde la prehistoria hasta el siglo XX, sino también porque resulta un lugar encantador. Entre sus piezas destacan las recreaciones de salones del siglo XVIII en estilo otomano, procedentes de mansiones del norte de Grecia, y los regios santuarios bizantinos. Los maravillosos libros y joyas de la tienda de regalos y el restaurante con jardín de la azotea merecen por sí solos una visita *(ver pp. 22-23 y 47).*

El arquitecto Ziller

Cuando el rey Otto fue coronado como primer monarca tras la independencia, se trajo con él al arquitecto Ernst Ziller para reconstruir la ciudad. Su estilo neoclásico puede verse en edificios como el Museo de Arte Cicládico, el Museo Numismático *(ver p. 98)* y el palacio del rey Constantino, residencia oficial del primer ministro *(ver p. 98).*

7 Museo de Arte Cicládico

Unos 2.000 años antes de la construcción del Partenón, una civilización de las islas Cícladas creó las esculturas de mármol prototípicas del Mediterráneo: unas sencillas formas femeninas. Estas figuras aún encuentran eco en la pintura moderna, ya que han influido en famosos artistas como Modigliani y Picasso. La familia Goulandrís, una de las dinastías navieras y filantrópicas más antiguas de Grecia, muestra la mayor colección del mundo de arte cicládico en una mansión neoclásica hermosamente restaurada. A menudo organizan exposiciones de destacados artistas contemporáneos griegos e internacionales en la preciosa ala nueva *(ver pp. 18-19 y 47).*

Museo Bizantino

8 Museo Bizantino

Las 15.000 piezas de este museo (sólo se expone una pequeña parte de ellas) datan del siglo III al XIX y recogen el desarrollo y la caída del imperio bizantino. Alberga valiosas esculturas, iconos y vestiduras religiosas ricamente decoradas en oro y plata. La colección permanente se encuentra en un elegante espacio de dos plantas construido parcialmente bajo tierra *(ver pp. 28-29 y 47).*

9 Museo de la Guerra

Puede que no todos disfruten con estas dos inmensas plantas dedicadas a la historia de la guerra en Grecia, desde la prehistoria hasta la época moderna, pero resulta fascinante la colección Saroglos, que incluye armaduras medievales, floretes de duelo y fabulosas cimitarras turcas

Museo de la Guerra

grabadas. En el exterior, se han dispuesto aviones de caza y tanques; se puede subir y echar un vistazo en las cabinas de la mayoría de ellos *(ver p. 47)* ⊗ *Vas. Sofias • Plano E/F4 • Horario: ma-do 9.00-14.00 • Se cobra entrada*

10 Colina Lykavittós

La empinada colina Lykavittós domina Kolonáki y la iglesia situada en su cumbre se ve desde varios kilómetros de distancia. Cada verano, el teatro situado junto a la iglesia acoge el Festival Lykavittós, que recibe a importantes músicos de todo el mundo. Las actuaciones tienen al fondo el paisaje de Atenas *(ver p. 61)*. Debajo de la iglesia hay un elegante café restaurante. A los que les guste el ejercicio pueden subir a pie, se tarda unos 45 minutos; el funicular en Aristipou constituye otra alternativa.
⊗ *Plano F2*

Colina Lykavittós

Una tarde en el Kolonáki

Media tarde

Se puede comenzar en **Plateía Syntagma** unos minutos antes de la hora en punto para ver el cambio de guardia frente a la tumba del Soldado Desconocido. Luego subir por Vasilissis Sofias hacia el **Museo de Arte Cicládico,** donde se exhiben las magníficas esculturas de mármol prehistóricas. No hay que dejar de echar un vistazo a las exposiciones temporales en la contigua mansión Stathatos, normalmente son muestras pequeñas pero fantásticas.

A continuación, en **Plateía Kolonáki** hay numerosos y caros cafés en los que tomar un *frappé* y un pastel y ver a algunos personajes famosos.

Final de la tarde

Después, saliendo de la plaza se puede ir de compras o contemplar los escaparates en **Folli Follie, Prasini** y **Elena Votsi** *(ver p. 99)*, y en las casas internacionales como Gucci, Armani y Versace.

Para acabar el día, acercarse a la estación del funicular a los pies de la **colina Lykavittós.** Aunque está cerca de Plateía Kolonáki, el camino es bastante empinado, por lo que en caso de estar fatigado se aconseja tomar el minibús 060 desde la plaza o hacer un trayecto en taxi de dos minutos. Desde la colina, al atardecer se puede ver cómo el cielo se torna violeta sobre Atenas, mientras se disfruta de una bebida en un café o de una comida verdaderamente especial en el restaurante **Orizontes** *(ver p. 101)*.

Izquierda **Tumba del Soldado Desconocido** Derecha **Plateía Kolonáki**

TOP 10 Y además...

1 Záppeion

El Záppeion del siglo XIX se encuentra en una agradable zona en el extremo sur de los Jardines Nacionales. Acoge conferencias, y sus caminos con árboles están abiertos al público. *Plano M5*

2 Palacio Presidencial y mansión Maximou

El antiguo palacio del rey Constantino fue diseñado por Ernst Ziller *(ver p. 96)*. Maximou, junto al palacio, es la residencia oficial del primer ministro, aunque algún titular del cargo la ha rechazado para permanecer en su vivienda particular. *Irodou Attikou esquina con Vasileos Georgiou • Plano N4*

3 Tumba del Soldado Desconocido

Un soldado moribundo, tallado en 1930 en un muro frente al Parlamento, recuerda a las víctimas griegas muertas en conflictos desde la guerra de independencia *(ver p. 34)*. *Plateía Syntagma • Plano M3*

4 Museo Histórico Nacional

La primera sede del Parlamento es hoy un museo de la guerra de independencia. *Stadiou 13, Plateia Kolokotroni • Plano L2 • Horario: ma-do 9.00-14.00 • Se cobra entrada*

5 Museo Numismático/Casa de Schliemann

Esta colección de monedas se expone en la mansión de H. Schliemann, descubridor del tesoro de Micenas. *Panepistimiou 12 • Plano M2 • Horario: ma-do 8.30-15.00 • Se cobra entrada*

6 Museo de la Historia del Traje Griego

Más de 6.000 piezas de ropa, joyas y adornos que muestran la evolución del traje griego a lo largo de los años. *Dimokritou 7 • Plano M2 • Horario: lu-vi 10.00-13.30 • Gratis*

7 Plateía Kolonáki

El mejor punto para observar a los paseantes del moderno Kolonáki. *Plano N3*

8 Plateía Dexamení

Más verde y sencilla que Plateía Kolonáki , acoge uno de los cines al aire libre más agradables de Atenas. *Plano N/P2*

9 Mercado del viernes por la mañana

Uno de los mercados de frutas y verduras más vitales de Atenas. *Xenokratous • Plano P2*

10 Biblioteca Gennadius

Esta biblioteca, con volúmenes plurilingües, es una de las mejores del mundo en temas helénicos. *Souidias 61 • Plano F3 • Horario: lu-mi, vi 9.00-17.00, ju 9.00-20.00, sá 9.00-14.00*

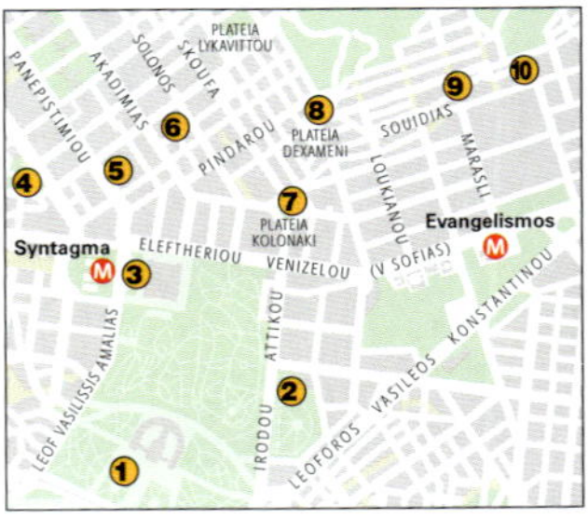

Izquierda **Elena Votsi** Centro **Folli Follie** Derecha **Zapatería Prasini**

TOP 10 Tiendas exclusivas

1 Folli Follie
Relojes, collares, pulseras, bolsos y otros accesorios atractivos, de gran calidad y a precios asequibles. *Solonos 25 • Plano N2*

2 Antonios Markos
Además de su extravagante confección, Markos importa un ecléctico surtido de artículos de marcas mundialmente famosas y de otras menos conocidas. *Skoufa 21 • Plano N2*

3 Amelie
Esta pastelería de excepcional elegancia vende exquisitas pastas, bombones y postres. *Pindarou 29 y Anagnostopoulou • Plano N2*

4 Yeshop
Piezas concebidas por una de las jóvenes estrellas del diseño más brillantes de Grecia. La especialidad de Yiorgos Eleftheriades es la ropa desgastada y los diseños únicos para jóvenes a la moda *Pindarou 38 • Plano N2*

5 Bettina
La impresionante oferta de Bettina incluye marcas internacionales junto a otras griegas como Angelos Frentzos y Sophia Kokosalaki. *Pindarou 40 • Plano N2*

6 Optika Arathymos
En esta pequeña tienda bien surtida se puede echar un vistazo a una amplia variedad de tonos y diseños de lo más actual. El personal es profesional y los precios razonables. *Kanari 10 • Plano N3*

7 Prasini
Prasini, que ofrece una de las mejores representaciones del diseño de zapatería griega, española e italiana, es uno de los favoritos de los que les gusta el calzado sin reparar en precios. *Tsakalof 7–9 • Plano N2*

8 Elena Votsi
La categoría de las gruesas piezas de Votsi, uno de los prometedores nombres de la joyería internacional, hace que no resulten caros sus elevados precios. *Xanthou 7 • Plano N/P2*

9 Kalogirou
Sorprendente gama de calzado de diseño y una amplia selección de las creaciones llenas de estilo de Kalogirou. *Patriarchou Ioakeim 4 • Plano P2*

10 Lena Katsanidou – Where to Wear
La *boutique* de Lena Katsanidou en Kolonáki y su taller de la planta alta venden artículos muy atractivos, como los atrevidos y pesados pendientes realizados en plata y bronce de su propia línea. *Alopekis 17 con Loukianou • Plano P2/3*

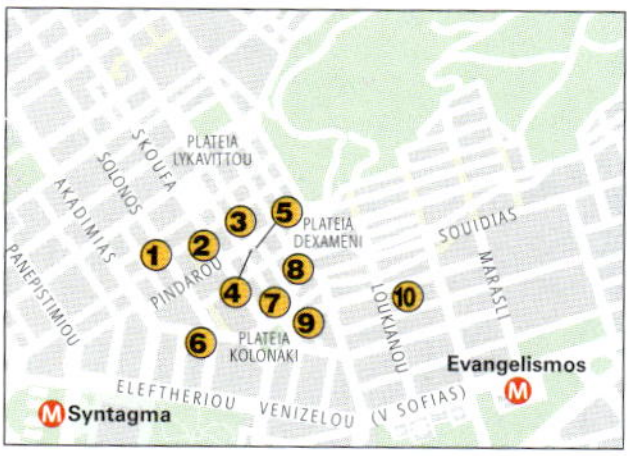

Izquierda **Mommy** Centro **Jackson Hall** Derecha **Rock'n'Roll**

TOP 10 Vida nocturna

1 Mommy
Este pequeño bar restaurante ocupa las aceras vecinas los fines de semana, cuando los clientes salen a la calle con las bebidas en la mano. ✆ *Delfon 4 • Plano M1 • 210 361 9682*

2 Skoufaki
Pequeño, poco iluminado, con humo y lleno de artistas y actores. Skoufaki es el café-bar alternativo más famoso y con más historia de Kolonáki. ✆ *Skoufa 47–49 • Plano M1*

3 Jackson Hall
Este local americano sirve cerveza y hamburguesas con patatas fritas entre recuerdos de estrellas de cine. ✆ *Milioni 4 • Plano N2*

4 Central
El local para beber y relacionarse más actual de la ciudad. Los fines de semana, cuando acude la gente guapa de la ciudad, está abarrotado desde media tarde. ✆ *Plateía Kolonáki 14 • Plano N3 • 210 724 5938*

5 Sea Satin
Comida y bebida al elegante estilo griego en esta taberna bar de pescado llena de ambiente donde modernos treintañeros bailan al ritmo de éxitos de *bouzouki.* ✆ *Fokilidou 1 • Plano N2 • 210 361 9646*

6 Frame
Estupendo salón, bar y restaurante. El jardín de verano, completamente blanco, está ubicado en un tranquilo parque; la zona interior, al otro lado de la carretera, luce muebles de diseño y arte abstracto. ✆ *Kleomenous 2 • Plano P2*

7 Rock 'n' Roll
No hay nada relacionado con el *rock 'n' roll* en este clásico de Kolonáki, sólo éxitos antiguos, hombres de negocios trajeados comiendo filetes y patatas fritas, y los sábados una multitud que viene de hacer compras. ✆ *Loukianou con Ipsilantou 6 • Plano P3*

8 Dragoste
Este popular club nocturno se abarrota los fines de semana cuando los jóvenes y guapos de Atenas acuden para disfrutar de la música alternativa y del ambiente decadente. ✆ *Patriarchou Ioakeim 37 • Plano P2*

9 Charitos
Este pequeño tramo de calle peatonal flanqueado por diminutos bares es siempre un hervidero festivo y cordial. ✆ *Plano P2*

10 Balthazar
Este elegante bar restaurante, situado en los jardines de una exquisita mansión neoclásica, atrae a una atractiva clientela. ✆ *Tsoha con Soutsou 27 • 210 644 1215*

Precios

Una comida de tres platos con media botella de vino, servicio e impuestos incluidos.	**€** menos de 30 €
	€€ 30-40 €
	€€€ 40-50 €
	€€€€ 50-60 €
	€€€€€ más de 60 €

Izquierda **Kanari Corner** Derecha **Prytaneio**

TOP 10 Dónde comer

1 Orizontes
Situado en lo alto de la colina Lykavittós, se puede disfrutar de una vista panorámica mientras se degusta una creativa cocina mediterránea. *Plano P1 • 210 722 7065 • €€€€*

2 Kiku
El primero y el mejor de los restaurantes de *sushi* de la ciudad. Tentadora selección impecablemente presentada. *Dimokritou 12 • Plano N2 • 210 364 7033 • €€€€*

3 Food Company
La saludable comida casera y el ambiente acogedor convierten a este diminuto restaurante en un favorito para el almuerzo o una cena informal. *Anagnostopoulou 47 • Plano N2 • 210 363 0373 • €*

4 Maritsas
En esta taberna tradicional se puede disfrutar de la sencilla y deliciosa cocina griega sentado en la terraza. No hay que perderse los deliciosos *kolokithokeftedes* (fritos de calabacín). *Voukourestiou 47 • Plano N2 • 210 363 0132 • €€*

5 Kanari Corner
Los comensales veraniegos de este local tranquilo disponen de una limitada pero sabrosa selección de pastas, ensaladas, carnes a la brasa y postres. *Akadimias con Kanari 10 • Plano M2 • 210 361 7157 • €€*

6 Prytaneio
De la mejor comida moderna ateniense. Entre las especialidades destaca la lubina con tomates secados al sol y alcaparras. *Milioni 7 • Plano N2 • 210 364 3353 • €€*

7 Ratka
Este distinguido restaurante, un clásico en Kolonáki, sigue siendo el preferido de la élite de Atenas. Sirve una carta internacional en un refinado entorno. *Charitos 30 • Plano P2 • 210 729 0746 • €€€*

8 To Ouzadiko
Esta taberna, situada en una arcada desierta de Kolonáki, es famosa por sus *mezes* tradicionales, el pescado fresco y la impresionante selección de licores. *Karneadou 25–29 • Plano P3 • 210 729 5484 • €€*

9 L'Abreuvoir
En este prestigioso local de la alta sociedad ateniense, se ofrece cocina francesa tradicional con estilo. *Xenokratous 51 • Plano F3 • 210 722 9106 • €€€€*

10 Boschetto
Este restaurante elegante y caro de nueva cocina italiana ofrece una comida de primera y una admirable carta de vinos. *Vasilissis Sofias 46 • Plano F4 • 210 721 0893 • €€€€€*

***Nota:** todos los restaurantes aceptan tarjetas de crédito y sirven platos vegetarianos si no se especifica lo contrario*

Izquierda **Busto de Adriano, Museo Arqueológico** Centro **Museo Marítimo** Derecha **Estadio**

El Pireo

FAMOSO POR SUS CARACTERÍSTICOS CAFÉS *situados junto al puerto, El Pireo es la puerta de Atenas a las islas. Abandonado tras un glorioso nacimiento en la antigüedad, no se desarrolló de nuevo hasta 1834, cuando Atenas se convirtió en capital. Los habitantes de las islas Chios, Hydra y Syros levantaron las primeras fábricas y en 1922 llegaron 100.000 refugiados de Asia Menor. Pronto se convirtió en el principal centro industrial de la ciudad. Con motivo de las Olimpiadas ha sido sometido a una amplia reforma.*

TOP 10 Lugares de interés

1. Pasalimáni
2. Museo Marítimo Helénico
3. Akti Themistokleous
4. Museo Arqueológico de El Pireo
5. Mikrolimano
6. Club Náutico de Grecia
7. Kastella
8. Mercadillo del domingo por la mañana
9. Estadio de la Paz y la Amistad
10. Acorazado *Averoff*

Mikrolimano

Cafés de Pasalimáni

Pasalimáni

1 Pasalimáni

Esta amplia bahía, con un estrecho canal que sale al mar, está rodeada de imponentes bloques modernos de ocho plantas. El antiguo puerto de Zéa, constituyó la principal base naval de Atenas en el siglo V a.C., podía albergar 196 trirremes *(ver p. 40)*. Actualmente llegan a atracar en él hasta 400 de los yates a motor más impresionantes de Grecia. Se tarda unos 20 minutos en rodear a pie la bahía por un paseo bordeado de árboles y cafés al aire libre.

2 Museo Marítimo Helénico

En un edificio de los años sesenta junto al puerto, esta exposición comienza con un mapa del viaje de Ulises por el Mediterráneo. A continuación, recorre la historia del comercio naval griego con maquetas de barcos que incluyen desde un trirreme del siglo V a.C. a los modernos petroleros. Las guerras navales están representadas en óleos de batallas marítimas contra los turcos, y en las banderas turcas, rojas con una estrella y una media luna, capturadas en ellas. *Akti Themistokleous, Freatida • 210 428 6959 • Horario: ma-vi 9.00-14.00, sá 9.00-13.30 • Entrada: 3 €, estudiantes gratis*

Estela funeraria, Museo Arqueológico de El Pireo

3 Akti Themistokleous

De Freatida sale un paseo marítimo de 3 km con farolas al que dan modernos bloques de apartamentos y una serie de restaurantes de pescado. Ofrece unas estupendas vistas de las islas Egina y Salamina en mar abierto. Esta ruta, que debe su nombre al general y hombre de Estado del siglo V a.C. Temístocles, sigue el trazado de la antigua muralla costera. Al fondo, las bahías rocosas ofrecen una oportunidad para bañarse. El lugar más hermoso es la bahía de Afrodita.

4 Museo Arqueológico de El Pireo

Las joyas de este museo, ubicado junto a los restos del teatro de Zéa del siglo II a.C., son dos estatuas clásicas de bronce encontradas en El Pireo en 1959: *Apolo,* del siglo V a. C., orgulloso y de proporciones perfectas, y *Atenea,* del siglo IV a.C. También se expone una colección de estelas de mármol de los siglos V y IV con emotivos relieves de los difuntos. *Odos Charilaou Trikoupi 32 • 210 452 1598 • Horario: ma-do 8.30-15.00 • Cerrado: agosto y días festivos • Entrada 3 €, estudiantes gratis*

Izquierda **Mikrolimano** Derecha **Club náutico de Grecia**

5 Mikrolimano

Famosa por sus excelentes restaurantes de pescado con terrazas al aire libre junto al mar, esta pequeña y encantadora bahía guarda unas proporciones abarcables. Los antiguos, que atracaban sus barcos en ella, pensaban que estaba protegida por la diosa Artemisa Munichia, y la bautizaron con su nombre. La marina turca también recaló aquí, razón por la que todavía en ocasiones es denominada como Tourkolimano (puerto turco). Hoy la ocupan los pequeños barcos de madera de los pescadores locales, que abastecen a los restaurantes de los alrededores con las capturas del día.

6 Club Náutico de Grecia

Con una tradición velera de 3.500 años, Grecia es, gracias a sus miríadas de islas, el principal destino en Europa para los aficionados a la vela. En 1934, se fundó el Club Náutico, en los jardines situados en una península en el extremo sur de Mikrolimano. La casa principal del club está reservada a los socios, pero se puede pasear por el puerto deportivo y tomar algo en el elegante café de la azotea *(ver p. 106)*. *Mikrolimano*

7 Kastella

Levantado en una ladera de Profítis Ilías, que mira hacia Mikrolimano, este pintoresco barrio residencial destaca por las casas neoclásicas de color pastel, construidas entre 1834 y 1900, dispuestas en un laberinto de empinadas calles y escaleras. Aquí se respira un ambiente rural, que invita a hacer la visita a pie. El punto más alto está coronado por la iglesia de Profítis Ilías y el Bowling Centre Café *(ver p. 107)*, con espectaculares vistas de Atenas, mientras que el cercano y pequeño teatro al aire libre Veakeio ofrece estupendas representaciones en verano.

El león de El Pireo

En la Edad Media, el principal puerto de El Pireo se conocía como Porto Leone debido al antiguo león de mármol de 3 m de altura que se levantaba sobre el solar que hoy ocupa el Ayuntamiento. En 1688, los venecianos se lo llevaron y lo colocaron en el Arsenale, en Venecia. Los respectivos municipios negocian su devolución.

Kastella

8 Mercadillo del domingo por la mañana

Detrás de la estación de metro de El Pireo, en una calle paralela a la vía del tren, se encuentra este mercadillo, a menudo comparado con el mercado dominical de Monastiráki en Atenas *(ver p. 80)*, aunque éste es más pequeño. A él acuden multitudes. Los inmigrantes albaneses tienen varios puestos con banderas y música albanesas y los gitanos venden frutas de temporada y frutos secos. *Omiridou Skilitsi • Horario: do 8.00-14.00*

9 Estadio de la Paz y la Amistad

En 1985 se inauguró esta estructura de hormigón, situada cerca de la estación de metro de Neo Faliro. Desde entonces, ha albergado numerosos acontecimientos deportivos, entre ellos el campeonato europeo de baloncesto de 1997, que ganó Grecia. También se utiliza para conciertos de rock. En las Olimpiadas de 2004, acogió los partidos de voleibol. *Junto a Tzavella Makariou*

10 Acorazado *Averoff*

Construido en Livorno (Italia) en 1910, este acorazado con 140 m de longitud fue diseñado para transportar 670 hombres en tiempos de paz y 1.200 en época de guerra, además condujo a la flota griega en las guerras Balcánicas y en las dos Guerras Mundiales. Se puede recorrer todo el barco, desde la cocina y las salas de máquinas hasta el puente principal y desde el estrecho espacio donde dormía la tripulación hasta la habitación de madera del almirante. *Trokantero Marina, Palaio Faliro • 210 983 6539 • Horario: lu, mi-vi 9.00-13.00, 15.00-17.00; ma, ju 9.00-13.00; sá-do 9.00-16.00*

Un día en El Pireo

Mañana/tarde

Para llegar desde Atenas, se toma el metro hasta El Pireo. A continuación se puede caminar hacia el **Museo Arqueológico** *(ver p. 103)*.

Continuando hacia Pasalimáni, se puede tomar un café en **Café Freddo** *(ver p. 107)* mirando al mar. El puerto invita a un agradable paseo, admirando los fantásticos barcos.

Para una comida relajada **Achinos** *(ver p. 106)* ofrece unas fantásticas vistas al mar; también se puede recorrer el paseo marítimo de Akti Themistokleous para darse un festín de pescado fresco a precio razonable en **Margaro** *(ver p. 106)*.

Noche

Tomar el metro hasta Neo Faliro y luego sortear la bulliciosa calle principal para pasar junto al **estadio de la Paz y la Amistad,** uno de los escenarios marítimos de El Pireo, reformado para los Juegos Olímpicos.

Continuando hacia el sur desde el estadio se alcanza el bonito puerto pesquero de **Mikrolimano,** menos deslumbrante y más pintoresco que los muelles céntricos.

Aquí hay una serie de restaurantes de marisco junto al mar; el más famoso es **Jimmy and the Fish** *(ver p. 106)*.
Después de cenar, la noche abre su abanico de ofertas: una copa en la agradable terraza en la azotea del **Don Kihotis** *(ver p. 107)*, o una visita al **Neon** *(ver p. 107)*, uno de los café-bares con música desenfadada y asientos al aire libre que abren en Akti Dilaveri.

Izquierda **Jimmy & the Fish** Derecha **Archeon Gefsis**

Precios

Una comida de tres platos con media botella de vino, servicios e impuestos incluidos.	**€** menos de 30 €
	€€ 30-40 €
	€€€ 40-50 €
	€€€€ 50-60 €
	€€€€€ más de 60 €

TOP 10 Dónde comer

1 Pisina
Ubicado en una piscina al aire libre, este moderno bar restaurante es elegante y tranquilo. *Marina Zeas, Pasalimani • 210 451 1324 • €€*

2 Dourabeis
Cautiva desde 1932 con sus sublimes pescados frescos asados a la brasa y aliñados con limón y aceite de oliva. *Akti Dilaveri 29, Mikrolimano • 210 412 2092 • €€€*

3 Plous Podilato
La cálida y elegante decoración del Plous Podilato complementa a su innovador acercamiento al marisco. *Akti Koumoundourou 42, Mikrolimano • 210 413 7910 • €€€*

4 Jimmy & the Fish
Los camareros sirven bandejas de atún ahumado y sartenes con langosta a los comensales sentados en la terraza junto al muelle. *Akti Koumoundourou 46, Mikrolimano • 210 412 4417 • €€€€*

5 Archeon Gefsis
Aquí se sirven antiguos clásicos, como cochinillo relleno de hígado, manzana, castañas y pasas, igual que en el siglo III a.C. *Epidaurou 10, Kastella • 210 413 8617 • www.arxaion.gr • €€*

6 Achinos
Romántico bar restaurante a dos niveles construido en un acantilado con vistas al mar. Creativos *mezes* de pescado, carne y queso. *Akti Themistokleous 51, Freatida • 210 452 6944 • €€*

7 Diasimos
Dos edificios de fachada azul componen esta popular *ouzerí* y *psarotavérna,* con estupendas vistas desde la terraza frente al mar. *Akti Themistokleous 306, Freatida • 210 451 4887 • €€*

8 Margaro
Aunque es limitada, la selección de chanquetes, salmonetes, besugos y gambas siempre es fresca y deliciosa. *Chatzikyriakou 126 • 210 451 4226 • Cerrado: domingos y agosto • No aceptan tarjetas de crédito • €*

9 Vassilenas
Menú de 16 *mezes.* El precio es fijo y se recomienda reservar con antelación. *Etolikou 72, Agia Sofia • 210 461 2457 • Cerrado: domingos • No aceptan tarjetas de crédito • €*

10 Kollias
Kollias sirve delicioso pescado fresco a precios razonables y también inusuales platos griegos de marisco. Es mejor llegar en taxi porque no es céntrico. *Plastira 3, Tabouria • 210 462 9620 • Cerrado: domingos • €€*

***Nota:** todos los restaurantes aceptan tarjetas de crédito y sirven platos vegetarianos si no se especifica lo contrario*

Izquierda **Wild Thing** Centro **Iguana** Derecha **Yacht Club**

TOP 10 Bares y cafés

1 Wild Thing

Es el primero de una serie de modernísimos cafés bares nocturnos con vistas al Delfinario. Atrae a una clientela treintañera. *Akti Dilaveri 16, Mikrolimano*

2 Iguana

Los jóvenes acuden a este bar-club nocturno que pone música disco y *techno* hasta las 6.00. En la terraza, se puede pedir agua si lo demás resulta muy caro. *Akti Dilaveri 15, Mikrolimano*

3 Neon

Los todoterreno descapotables y las motos aparcan a la entrada de este amplio bar-club nocturno de tres pisos con sillones de cuero blanco y aire acondicionado industrial que mantiene un buen ambiente. *Akti Dilaveri 5, Mikrolimano*

4 Don Kihotis

Un seductor refugio junto a la colina con un interior antiguo. Las escaleras de madera llevan hasta la la azotea que ofrece vistas de ensueño. *Vasileos Pavlou 68, Kastella*

5 Up Down

Cafés, cócteles y helados en un bar de varios niveles con murales submarinos y una escalera de caracol de cristal. También dispone de una espléndida terraza en la azotea. *Akti Koumoundourou 24, Mikrolimano*

6 Love Café

Bar restaurante muy promocionado con música alta, una clientela joven y un interior años setenta. *Akti Koumoundourou 58, Mikrolimano*

7 Istioploikos

Este amplio y abarrotado bar situado en una azotea es uno de los lugares elegantes para ver y ser visto. Alberga un mirador con vistas al puerto de veleros. *Club náutico, Mikrolimano • Abierto: mediados de marzo-principios de noviembre*

8 Bowling Centre Café

La amplia terraza con increíbles vistas a través del mar desde Kastella hasta Atenas compensa un interior impersonal y anticuado. *Profitis Ilias, Kastella*

9 Café Freddo

En las cómodas sillas de mimbre de Café Freddo, colocadas en un jardín que mira hacia los barcos de Pasalimáni, se puede tomar un café por la mañana, un helado por la tarde, un cóctel antes de cenar o una última copa de *brandy* griego. *Plateia Alexandras 1, Pasalimani*

10 Hard Rock Café

Este espacio de techos altos y vigas de madera con sillones de cuero atrae a jóvenes mochileros y a locales. *Etolikou 28 • Abierto: hasta las 5.00 fines de semana*

Izquierda **Café de Galaxidi** Centro **Tebas** Derecha **Osios Loukas**

Norte de Delfos

EL PAISAJE CAMBIA *tan pronto como se atraviesan los barrios del norte de Atenas; la vista del prístino monte Parnes, revestido de pinos, abre paso al amplio y variado paisaje del centro de Grecia. Esta región, Sterea Ellada, se encuentra cercada por las montañas y por el mar. En su planicie destaca el perfil de monasterios bizantinos y ruinas antiguas. Delfos, uno de los yacimientos clásicos más hermosos del país, es sin duda la estrella. En este lugar, el legendario oráculo anunciaba sus profecías. Los alrededores de Delfos están llenos de belleza y ofrecen múltiples oportunidades para nadar, caminar y esquiar.*

Ruinas antiguas de Delfos

TOP 10 Lugares de interés

1. Dafní
2. Eleusis
3. Monte Parnes
4. Evia
5. Tebas
6. Osios Loukás
7. Aráchova
8. Monte Parnaso
9. Delfos
10. Galaxídi

Páginas anteriores **Templo de Poseidón, cabo Sunio**

Eleusis

1 Dafní

Este encantador monasterio cuya construcción se remonta al siglo XI, es uno de los mayores tesoros del imperio bizantino. Los mosaicos del interior, que representan escenas religiosas, se encuentran entre los mejores de su estilo. *Plano T2 • 210 581 1558 • Autobús A16 hacia Eleusis desde Plateía Eleftherias (viaje de 30 minutos hasta Dafní)*

2 Eleusis

Durante 1.400 años, éste fue uno de los principales lugares sagrados de Grecia. Miles de peregrinos participaban en los misterios eleusinos, unos ritos que honraban a Deméter, diosa de la naturaleza, y a su hija Perséfone. Actualmente Eleusis se ha convertido en una contaminada y no muy agraciada ciudad industrial. Sin embargo, aún se conservan algunas ruinas y un museo. *Plano S2 • 210 554 6019 • Autobús A16 como a Dafní • Horario: ma-do 8.30-15.00 • Se cobra entrada*

3 Monte Parnes (Párnitha)

En esta hermosa montaña situada a las afueras de Atenas se extienden numerosos senderos entre densos bosques de abetos, por los que se puede hacer paseos y caminatas para todos los niveles. Cuenta con dos refugios de montaña y un hotel alpino, al que se llega en funicular desde el barrio de Thrakomakedones. Éste es un buen punto de partida para las rutas a pie *(ver p. 138)*. *Plano T2*

4 Evia

La segunda isla más grande de Grecia está tan cerca de tierra firme que se puede llegar a ella por un puente. Desde la estación Larissa, en Atenas, salen varios trenes al día hacia Chalkida, la principal ciudad de Evia. La cadena montañosa salpicada de aldeas que la atraviesa ofrece estupendas rutas a pie, y si se va a mitad de semana es posible encontrar las playas y balnearios del norte desiertos. *Plano T1 • Oficina de turismo de Chalkida: 222 107 7777 • Horarios y precio de trenes: 210 529 7777*

Claustro, monasterio de Dafní

Oráculo de Delfos

El oráculo comunicaba sus profecías divinas por boca de una sacerdotisa en el santuario de Apolo. Esta sacerdotisa realizaba una serie de rituales para entrar en estado de trance, que probablemente incluían mascar hierbas e inhalar los vapores de la sima de Delfos. Comunicaba las profecías con una serie de gritos inarticulados que los sacerdotes traducían en verso.

5 Tebas

La ciudad de Tebas fue otrora uno de los principales asentamientos micénicos y escenario de la trágica historia de Edipo. Aunque no se conserva casi nada del antiguo yacimiento y la ciudad moderna ofrece pocos atractivos turísticos, merece la pena visitarla por ver su espléndido Museo Arqueológico, con una excelente colección de hallazgos micénicos. *Plano S2 • Autobuses cada hora desde la Terminal B • Horario museo: abr-sep: lu 12.00-19.00, ma-do 8.00-19.00; oct-mar: lu 10.30-17.00, ma-do 8.00-15.00 • Se cobra entrada*

Techo abovedado, Osios Loukás

6 Osios Loukás

Se trata de uno de los monasterios más hermosos de Grecia gracias a sus bellos frescos bizantinos y a su idílica ubicación, que mira al valle y a la elevada cordillera Elikonas. Los interiores de las dos iglesias del siglo XI están cubiertos de maravillosos mosaicos de mármol y de iconos. *Plano R1 • Horario: todos los días 8.00-19.00 (may-sep: cerrado 14.00-16.00)• Se cobra entrada*

7 Aráchova

Este pueblo de montaña ofrece una buena base alternativa para visitar Delfos y Parnaso. Se trata de un destino invernal muy popular entre los atenienses ricos, por lo que el alojamiento resulta más caro en invierno. La calle principal está jalonada de tiendas de alfombras, miel y queso locales, pero la mejor manera de recorrerlo es perdiéndose por sus pasadizos de piedra. *Plano R1 • Oficina de turismo: 226 703 1630 • Varios autobuses diarios desde la Terminal B, con paradas en ruta hacia Delfos*

8 Monte Parnaso

Aunque experimenta un desarrollo desigual, ofrece buenas instalaciones de esquí, espléndidas vistas y, en primavera, maravillosas rutas por cumbres cubiertas de flores. La subida más popular es la del pico Liákoura, el más alto de la zona. Los más preparados pueden pasar por Delfos, comenzando en Aráchova muy temprano, pero esta ruta requiere un guía. El mejor punto de partida para la mayor parte de las rutas es el refugio situado a 1.900 m, a 20 km al norte de Aráchova. *Plano R1 • Trekking Hellas: 210 331 0323 • Parnassos Ski Centre: 226 702 2767*

Delfos

***Nota:** cuando se visiten monasterios e iglesias, se deben llevar los brazos y piernas cubiertos*

Galaxidi

9 Delfos

Éste es el centro de la tierra, que fue descubierto por Zeus al liberar dos águilas desde los extremos opuestos del universo para ver dónde se cruzaban. Se atribuyen poderes místicos a este lugar, cuya montaña, abismos y rápidos arroyos señalan un espacio de gran actividad geológica. En época antigua, las sacerdotisas se comunicaban con el oráculo de Delfos, que vaticinaba sus profecías. El templo está dedicado a Apolo, y en la zona abundan los templos dedicados a este dios y a sus profetas *(ver p. 114)*.

10 Galaxídi

Galaxídi es un centro de vacaciones elegante pero discreto en el golfo de Corinto. Ofrece una estupenda base costera para visitar Delfos. Su ubicación entre aguas color turquesa y montañas verdes lo convierten en un agradable lugar, excepto los fines de semana estivales cuando los atenienses abarrotan los cafés de moda. También merece la pena dedicar tiempo a recorrer sus hermosas playas y mansiones del siglo XIX. *Plano Q1 • Información de turismo: 226 504 1222 • Varios autobuses al día desde la Terminal B*

Viaje en coche desde Atenas a Delfos

Primer día

En las tres horas que dura el trayecto de Atenas a Delfos se aconseja realizar, algunas paradas para visitar los monasterios de **Dafní** *(ver p. 111)* y **Osios Loukás.**

Cerca de Delfos, se aconseja pernoctar en el pueblo costero de **Galaxídi,** si es verano, o en el nevado pueblo de montaña de **Aráchova,** en invierno. En el primero, se puede acudir al encantador hotel Ganimede y pasar las últimas horas de la tarde en la playa; en el segundo, existe la posibilidad de alojarse en un castillo familiar en el fabuloso **Elatos** en Aráchova *(ver p. 146)*. Aquí, se puede pasar la tarde esquiando en el centro de esquí Parnasso, o recorriendo los numerosos senderos de montaña.

Segundo día

El día siguiente comienza temprano en el antiguo yacimiento de **Delfos.** Seguramente se querrá pasar mucho tiempo paseando alrededor del **templo de Apolo.** No hay que perderse ni el **Museo** ni el cercano **santuario de Atenea Pronaia** *(ver p. 114 para lugares de interés en Delfos)*.

Si se tiene prisa por regresar a Atenas, tomar antes de partir un tentempié rápido en **Taverna Vakhos** *(ver p. 115)*, en Delfos. En caso contrario, en Galaxídi y Aráchova se degusta una carta más sofisticada, con los mejillones de **Barko tis Maritsas** en Galaxídi, o las salchichas y el queso *formaella* a la brasa de **Karaouli,** en Aráchova *(ver p. 115 para ambos)*.

Los autobuses a la mayoría de los lugares al norte de Atenas, como Delfos, Tebas y Galaxídi, salen de la Terminal B, Liossion 260

Izquierda **Monte Parnaso** Derecha **Teatro de Delfos**

TOP 10 Lugares de interés en Delfos

1 Vía Sagrada

Esta vía sigue la ruta que hizo Apolo por primera vez hasta Delfos y termina en el templo dedicado a este dios. La vista del monte Parnaso elevándose en lo alto y el profundo desfiladero es sobrecogedora.

2 Templo de Apolo

Este templo contenía el *omphalos* (piedra ombligo), que señalaba el centro de la tierra, y el oráculo. Casi todos los autores antiguos mencionan cómo dirigentes de todas partes enviaban mensajeros con espléndidas ofrendas para escuchar las profecías del oráculo.

3 Tesoro sifno

Esta estructura de mármol con forma de templo, construida por enviados de Sifnos, era el más rico y hermoso de los diversos tesoros construidos como ofrendas al oráculo. Sus estatuas están expuestas en el museo.

4 Tesoro ateniense

Los atenienses decoraron su ofrenda con elegantes frisos que representaban a sus héroes locales, Teseo y Heracles. Los famosos doce trabajos de este último fueron realizados a instancias del oráculo.

5 Teatro

Construido en el siglo IV a.C., éste es uno de los teatros mejor conservados de la Antigua Grecia. También ofrece una amplia vista de todo el yacimiento, especialmente del variadísimo paisaje que aporta a Delfos su aspecto sagrado.

6 Ágora romana

Esta zona comercial estaba rodeada de puestos que vendían objetos sagrados, donde los visitantes podían comprar ofrendas de última hora al oráculo.

7 Santuario de Atenea Pronaia

Se creía que el santuario de la diosa guerrera Atenea protegía al santuario de Apolo de los invasores. Aunque muchos de los edificios han sido destruidos, los que se conservan se encuentran entre los más bellos ejemplos de la arquitectura griega antigua.

8 Santuario de la Diosa de la Tierra

Esta roca circular que rodea una abertura en la tierra honra a la deidad más temprana asociada con el oráculo de Delfos: Gea, la matriarcal diosa de la tierra. La tradición del oráculo y las sacerdotisas continuó pero más tarde la deidad venerada fue Apolo.

9 Fuente de Castalia

Aunque ahora está casi seco, en este manantial se lavaban los peregrinos antes de entrar en el recinto sagrado. Aún se puede ver la elaborada fuente construida alrededor.

10 Museo

Este fantástico museo alberga las mejores ofrendas traídas al oráculo desde todo el mundo. ✆ *22650 82312 • Horario: verano todos los días 7.30-18.45; invierno todos los días 8.30-15.00 • Se cobra entrada*

Los lugares de interés de Delfos están dispuestos en un área de 2 km y se necesita un día para verlos; se cobra entrada en el yacimiento principal

Precios

Una comida de tres platos con media botella de vino, impuestos y extras incluidos.	€	menos de 30 €
	€€	30-40 €
	€€€	40-50 €
	€€€€	50-60 €
	€€€€€	más de 60 €

Izquierda **Taverna Vakhos, Delfos** Derecha **Restaurante Kaplanis, Aráchova**

TOP 10 Dónde comer

1 Taverna Vakhos

Aunque los yacimientos y el paisaje de Delfos son fantásticos, no se puede decir lo mismo de su oferta culinaria. Este establecimiento familiar es una excepción: ofrece una buena carta de taberna acompañada de vistas al golfo de Corinto. *Apollonos 31, Delfos • Plano Q1 • 2265 083 186 • €*

2 Topiki Gefsi

Comida de taberna decente y una buena vista, aunque el servicio deje algo que desear. *Pavlou con Frederikis, Delfos • Plano Q1 • €*

3 Barko tis Maritsas

Taberna muy popular situada en la playa y abierta todo el año. Los mejillones son la especialidad local, ya estén asados, fritos o en salsa. Los pasteles de verdura caseros son también buenos. *Ianthis, Amfissa, Galaxídi • Plano Q1 • 2265 041 059 • €*

4 Taverna Porto

Esta taberna junto al mar ofrece un buen descanso después de un día de playa. Sus grandes bandejas de marisco de la zona barato y sabroso son un deleite. *Akti Oianthis 41, Galaxídi • Plano Q1 • 2265 041 182 • €*

5 Karaouli

Taberna sencilla, tradicional y deliciosa. Destacan la salchicha de Aráchova y los pimientos rellenos. *Eleftheriou Venizelou, Aráchova • Plano R1 • 2267 031 001 • Abierto: sep-jun (sep y oct: sólo fines de semana) • €*

6 Kaplanis

Sabrosos clásicos de taberna en una sala bastante lujosa. Durante todo el año no hay que dejar de probar *fromila* (queso a la brasa), y en verano, las flores de calabacín fritas. *Plateía Tropeou, Aráchova • Plano R1 • 2267 031 891 • €*

7 Babis

En invierno el crepitante fuego domina el local. Pedir un cuenco de caliente y aromático guiso *stifado* *(ver p. 58)*. *Kalyvia Parnassou, Aráchova • Plano R1 • 2267 03 21 55 • Abierto: todos los días a la hora de la comida de octubre a abril y para la cena los fines de semana • €*

8 Emboriko

La gente acude a este local después de esquiar para calentarse con café, bebidas y aperitivos. Las sencillas cenas incluyen pasta, guisos y carnes. *Aráchova • Plano R1 • 2267 03 24 67 • Abierto: octubre-mayo todos los días, sólo se sirven comidas por la noche • €*

9 Paradissos

Taberna sencilla en la carretera, hacia el extremo más septentrional de Evia. Disfrutar de la verde ubicación, el cordero tierno y las patatas recién recogidas. *Dafní, Evia • Plano S1 • 2227 092 172 • €*

10 Kapetanios

Local situado junto a la iglesia que ofrece una maravillosa selección de marisco, crudo o frito con queso. *Plateía Ag Tryfonas, Nea Lampsakos, Evia • Plano T1 • 2221 02 81 91 • €*

***Nota:** todos los restaurantes sirven platos vegetarianos si no se especifica lo contrario; en la mayoría de las tabernas hay que pagar en efectivo*

Izquierda **Micenas** Centro **Kekhries, puerto romano** Derecha **Calle de Nauplio**

El Peloponeso

EXCLUYENDO ATENAS, *el Peloponeso es la zona de Grecia más apegada a la mitología y la historia. En otro tiempo se creyó que los reinos micénicos de* La ilíada *de Homero eran sólo leyendas, hasta que en el siglo XIX el arqueólogo alemán Heinrich Schleimann desenterró sus fabulosos palacios en la península de Argive. Actualmente estos yacimientos compiten con los de Atenas como los más importantes de Grecia. A diferencia de lo que ha ocurrido en la capital, los paisajes de aquellos relatos –las llanuras donde se reunieron grandes ejércitos y los campos de Nemea donde Heracles luchó con un león– se han conservado intactos durante milenios.*

Templo de Zeus, Nemea

Mosaico de Baco, Acrocorinto

Lugares de interés

1. Canal de Corinto
2. Antigua Corinto
3. Acrocorinto
4. Vinos Gaia
5. Nemea
6. Micenas
7. Argos
8. Tirinto
9. Nauplio
10. Epidauro

1 Canal de Corinto

Canal de Corinto

El istmo que une la Grecia continental con el Peloponeso frustró a los marineros durante miles de años, obligándoles a realizar largos y peligrosos viajes alrededor de la península. Desde Alejandro Magno hasta los emperadores romanos Nerón y Calígula intentaron abrir un canal, pero no se consiguió hasta 1893, año en el que los ingenieros franceses dinamitaron un paso en la roca. Los barcos tardan alrededor de una hora en recorrer los 6 km de distancia. *Plano R3*

2 Antigua Corinto

La ubicación de Corinto, entre el Peloponeso y la Grecia continental, la convirtió en un rico y poderoso centro de comercio ya desde la época micénica. A la riqueza material se le unía la fama de su vida salvaje y licenciosa, que incluía la poligamia y cultos orgiásticos a los que san Pablo se refirió en la Carta a los Corintios. Después del siglo XIX, Corinto se convirtió en una ciudad pequeña y sin encanto. Su atractivo reside en los numerosos restos, especialmente el templo de Apolo del siglo VI a.C. y el ágora y odeón romanos. *Plano R3*
• Yacimientos arqueológicos: verano todos los días 8.00-19.00; invierno todos los días 8.00-15.00; se cobra entrada

3 Acrocorinto

Esta elevada roca a las afueras de Corinto era la fortificación natural más resistente de la Antigua Grecia. En época arcaica, estaba coronada por un templo a Afrodita. Las estructuras que hoy se pueden contemplar son en su mayoría medievales turcas, muchas de ellas construidas sobre edificios más antiguos. La subida es dura pero se ve recompensada con unas vistas estupendas. *Plano R3 • Horario: todos los días 8.30-19.00 • Gratis*

Entrada a Acrocorinto

4 Vinos Gaia

En los últimos años, la industria vinícola griega ha alcanzado el reconocimiento internacional. Gaia es uno de los mejores viñedos nuevos, produce vinos profundos y aterciopelados con uvas negras Aghiorghitiko de Nemea. *Koutsi • Plano R3 • 27460 22057 (llamar con antelación para concertar visita y degustación)*

Desde la Terminal A de Atenas, Kifissou 100, salen todos los días varios autobuses hacia Corinto (duración del viaje: 90 minutos)

5 Nemea

Aquí fue donde Heracles realizó su primer trabajo: matar al león de Nemea. La piel del león era impenetrable, por lo que Heracles estranguló a la bestia, la despojó de su piel y se hizo una capa con ella. Éste es uno de los diversos mitos relacionados con la creación de los Juegos de Nemea, que formaban parte de los Juegos Panhelénicos. En Nemea, destaca el paseo por el estadio donde se celebraban las competiciones. *Plano R3 • Horario: todos los días 8.30-15.0 • Se cobra entrada*

Murallas de Tirinto

6 Micenas

Combina el mito y la historia de una forma atractiva. Homero escribió sobre Agamenón, el rey más poderoso de Grecia durante la guerra troyana, gobernador de la ciudadela de "Micenas, bien construida y rica en oro". La arqueología ha confirmado que hubo una guerra troyana y una poderosa civilización establecida aquí. Schliemann descubrió en 1874 el palacio de Micenas, gran parte del cual confirma la descripción de Homero, incluidas las alusiones a la abundancia de oro. *Plano R3 • Horario: verano todos los días 8.00-19.00; invierno todos los días 8.00-15.00 • Se cobra entrada*

7 Argos

Se cree que es la ciudad habitada más antigua de Grecia. La ciudad moderna se construyó sobre la antigua, lo que deja pocos restos a la vista, impidiendo desvelar muchas incógnitas. El teatro del siglo IV y el museo merecen una visita y, si se dispone de coche, se puede ir hasta los castillos medievales de Larissa y Aspis que miran hacia las llanuras inmortalizadas por Homero. *Plano R3 • Yacimiento arqueológico: ma-do 8.30-15.00; se cobra entrada*

8 Tirinto

Fue una de las ciudades micénicas más importantes. Sus murallas de piedra caliza eran tan inmensas que los griegos creían que las habían construido los cíclopes, de hecho, los arqueólogos aún las denominan murallas ciclópeas. Aunque no es tan impresionante como Micenas, está mejor conservado, especialmente el antiguo palacio y el vestíbulo. *Plano R3 • Horario: verano todos los días 8.00-19.00; invierno lu-sá 8.00-17.00; se cobra entrada*

9 Nauplio

La pequeña ciudad costera de Nauplio es una de las más hermosas de Grecia. Durante años los

Teatro de Epidauro

Nauplio es el mejor punto de partida para recorrer el Peloponeso; llegan varios autobuses desde la Terminal A de Atenas, Kifissou 100

Nauplio

turcos y los venecianos lucharon por ella, dejando tras de sí dos fortalezas venecianas en lo alto de la colina y varias mezquitas turcas. Los griegos tomaron Nauplio cuando lograron la independencia en 1821 y la convirtieron en su primera capital. *Plano R3 • Oficina de turismo: Martiou 25, 2752 024 444*

10 Epidauro

El teatro de Epidauro del siglo IV a.C., uno de los mejores yacimientos de Grecia, está maravillosamente conservado y ofrece una acústica sorprendente *(ver pp. 60-61).* En el exterio se encuentra el amplio Asklepieion, un antiguo balneario y centro turístico dedicado a Asclepio, el dios de la salud.
Plano S3 • Horario: verano todos los días 8.00-19.00; invierno todos los días 8.00-15.00

Los trabajos de Heracles

Heracles, Hércules para los romanos, era hijo ilegítimo de Zeus. Su nombre significa "gloria de Hera", y fue esta diosa, quien, furiosa por la infidelidad de su esposo, volvió loco a Heracles. Éste, enajenado, mató a su esposa e hijos. Para redimirse, se puso al servicio del rey Euristeo. Realizó 12 hazañas heroicas por todo el Peloponeso por las que fue librado de su pecado.

Noche en Nauplio

Día

Una interesante excursión consiste en visitar **Nauplio** en un fin de semana estival, habiendo comprado antes entradas para una representación en el antiguo **Epidauro** *(ver p. 65).* El hotel también debe reservarse con antelación. El mejor alojamiento es Nafplia Palace; Pension Acronafplia es más asequible y también es buena.

Para llegar hay que tomar el autobús en la Terminal A de Atenas. Se puede pasar el día recorriendo el **casco antiguo de Nauplio.** Tras avituallarse el siguiente destino es la **fortaleza veneciana,** desde la que hay unas vistas maravillosas de Nauplio y el golfo de Argos. Se pueden subir los 999 escalones hasta la parte más alta; si no, cabe la alternativa de tomar un taxi.

Bajo la fortaleza, se encuentra la pequeña playa pública, que invita al baño. Para disfrutar de mayor intimidad, se aconseja bajar por el sendero y bucear desde las rocas.

Tarde y noche

Se puede tomar algo en **Kanaris** *(ver p. 121),* antes de regresar a la estación de autobuses antes de las 19.30, hora en la que salen los autobuses hacia **Epidauro.** La interpretación y el escenario cautivan al espectador. Regresar a **Nauplio** en autobús.

A la mañana siguiente, se abandona el hotel pero se puede dejar en él el equipaje. Tomar el primer autobús a **Micenas** para dedicar unas horas a esta legendaria ciudad , volver a **Nauplio,** recoger el equipaje y regresar a Atenas.

Izquierda **Istmia** Centro **Cascada, Loutraki** Derecha **Kekhries**

TOP 10 Y además...

1 Perahora

Aunque poco se conserva del templo de Hera, éste sigue siendo un lugar idílico con un faro, una capilla y aguas cristalinas en las que nadar. Los buceadores pueden contemplar las antiguas ruinas bajo el agua. *Plano R2 • Horario: verano todos los días 8.00-19.00; invierno 8.00-15.00 • Se cobra entrada*

2 Loutraki

Famoso por sus manantiales, Loutraki es un popular destino de fin de semana entre los atenienses. Su mayor atractivo es el balneario, aunque en la zona hay también un gran casino. *Plano R2 • Balneario, G. Lekka 26, 27440 28498*

3 Istmia

Gran parte del yacimiento ha sido destruido, pero los amantes de la arqueología disfrutan con el santuario de Poseidón y el estadio que albergó los Juegos Panhelénicos. *Plano R3 • 27410 37244 • Horario: todos los días 8.30-15.00 • Entrada 2 €, 1 € estudiantes*

4 Kekhries

Aquí Teseo derrotó a Sinis, un gigante que pedía a los viajeros que le ayudaran a doblar un pino, momento que aprovechaba para lanzarlos al agua con el impulso del árbol. Hoy, este pueblo costero ofrece una agradable parada en el recorrido hacia Epidauro. *Plano R3*

5 Sikia

Este tranquilo pueblo costero es, junto al cercano Xylocastro, un hermoso lugar para nadar en aguas claras, comer pescado recién cogido en tabernas y beber el excelente vino de la zona. *Plano R4*

6 Heraion de Argiva

Este santuario a la diosa Hera, construido en los siglo VII-IV a.C., es un lugar tranquilo con vistas sobre la llanura de Argiva. *Ilraio, al sureste de Nauplio • Plano R3 • Horario: ma-do 8.00-17.00 • Se cobra entrada*

7 Vinos de Skoura

Skoura es famosa por sus vinos blancos, especialmente sus Chardonnays, una rareza en Grecia. Hay que llamar con antelación para concertar una visita y una degustación. *Piryelo, al norte de Argos • Plano R3 • 27510 23688*

8 Lérna

Uno de los yacimientos arqueológicos más antiguos de Grecia con restos que se remontan al IV milenio a.C. *Plano R4 • Horario: ma-do 8.00-15.00 • Se cobra entrada*

9 Agía Moní

En este convento bizantino del siglo XII con jardín se puede pasar un agradable día a las afueras de Nauplio. *Al norte de Nauplio • Plano R3 • Gratis*

10 Asini

Este temprano asentamiento heleno es un maravilloso lugar para nadar. George Seferis, Nobel de literatura, lo describe como un lugar "desconocido, olvidado por todos, incluso por Homero". *Plano R2*

Precios

Una comida de tres platos con media botella de vino, impuestos y extras incluidos.

€	menos de 30 €
€€	30-40 €
€€€	40-50 €
€€€€	50-60 €
€€€€€	más de 60 €

Taverna Paleo Archontiko, Nauplio

TOP 10 Dónde comer

1 Taverna Paleo Archontiko
Situado en una mansión antigua, este famoso restaurante familiar está normalmente abarrotado de locales. Acuden por su excelente asado cocinado con vino, el guiso de cerdo o el conejo con salsa de tomate. *Ypsilandou y Sofroni, Nauplio • Plano R3 • 2752 022 449 • €*

2 Kanaris (Karamanlis)
Favorito del ex presidente Constantino Karamanlis. Probar las hojas de repollo rellenas y el *yiouvetsi* (pasta con carne asada), regado con Retsina. *Bouboulinas 1, Nauplio • Plano R3 • 2752 027 668 • €*

3 Spilia
La que es considerada una de las mejores tabernas de Grecia sirve especialidades locales deliciosas. Destacan el estofado de cordero y alcachofas acompañado de vino de los viñedos de Nemea. *Tripoleos 165, Kefalari, Argolida (norte de Nauplio) • Plano R3 • 2751 062 300 • €*

4 O Savas
Savas cultiva sus propios aguacates y los sirve con todo tipo de ingredientes, desde huevas hasta mango, en este *mezedopoleio* especializado en fruta y verduras. *Nea Kios, norte de Nauplio • Plano R3 • 2751 051 425 • €*

5 Mykinaiko
Este pequeño local familiar cerca del antiguo yacimiento ofrece clásicos sencillos pero llenos de sabor, como las hojas de repollo y berenjenas rellenas y la sabrosa *mousaka.* Tampoco hay que perderse el profundo y oscuro vino tinto de Nemea. *Micenas • Plano R3 • 2751 076 724 • €*

6 Taverna O Theodorakis
Corinto no dispone de buenos restaurantes, pero Theodorakis realiza un trabajo decente con los productos del mar, especialmente las sardinas y los calamares. *Seferi 8, Corinto • Plano R3 • 2741 022 578 • €*

7 Restaurant 24 Hours
Muy socorrido a altas horas de la madrugada, dispone de un extenso menú. *Agiou Nikolaou 19, Corinto • Plano R3 • 2741 083 201 • €*

8 O Kavos
Esta pequeña casa junto al mar llena de ambiente sirve un pescado fresco a la brasa mucho mejor que cualquier otro en Corinto. *Istmia, a 8 km de Corinto • Plano R3 • 27410 37906 • €*

9 Maistrali
Popular taberna de pescado abarrotada de locales y turistas que disfrutan de enormes raciones de pescado a la brasa y una amplia selección de *ouzo* y *tsipouro.* *Possidonos 83, Loutraki • Plano R2 • 2744 061 669 • €*

10 Leonidas
Local popular entre los que hacen una parada antes o después de la representación en el antiguo teatro. Buenas costillas de cerdo y hojas de parra rellenas. Tiene un agradable jardín en la parte trasera. *Carretera principal, Epidauro • Plano S3 • 2753 022 115 • €*

***Nota:** todos los restaurantes sirven platos vegetarianos si no se especifica lo contrario; normalmente hay que pagar en efectivo*

Izquierda **Glyfáda** Derecha **Ruinas de Ramnoús**

Recorridos por la costa Ática

YA DESDE EL SIGLO V A.C., *los habitantes de esta zona construyeron templos de mármol para sus dioses y profetas sobre las verdes pendientes cubiertas por un denso follaje de pinos negros. Por esta tierra vagó el legendario Teseo, liberando al Ática del azote de los monstruos. En el punto más meridional de la península, el cabo Sunio, se encontraba el increíble templo de Poseidón, luminoso como un faro sobre el Egeo. En la actualidad, observando el Ática resulta evidente que hay zonas de la costa que han caído víctimas del excesivo desarrollo turístico, pero las joyas de esta región siguen siendo los templos que descansan entre los árboles, las mejores playas de arena y los lujosísimos clubes de verano, que se extienden por la costa, más al sur cada año.*

TOP 10 Lugares de interés

1. Glyfáda
2. Vouliagméni
3. Lago Vouliagméni
4. Templo de Poseidón
5. Santuario de Artemisa, Brauron
6. Rafína
7. Maratón
8. Schinias
9. Ramnoús
10. Santuario de Amphiaraos

Vouliagméni

Lago Vouliagméni

1 Glyfáda

Rico y desarrollado centro turístico costero con un ostentoso ambiente nocturno. Existen numerosas tiendas de diseño y cafés caros, además de clubes de verano de moda para bailar. *Plano T3 • Autobús E2 o A2 desde Atenas*

2 Vouliagméni

Vouliagméni es un gran centro turístico costero situado al sur de Atenas. Se caracteriza por sus hoteles de lujo, clubes náuticos y caras playas privadas. Sus elegantísimos clubes junto a la playa constituyen el corazón de la vida nocturna en verano, con sus exquisitas y magníficas decoraciones renovadas cada año. Los competidores por la popularidad son Island, Tango y Spa. *Plano T3 • Autobús E22 desde Atenas*

3 Lago Vouliagméni

Los bañistas acuden durante todo el año a tomar las aguas calientes y terapéuticas del lago Vouliagméni, un gran manantial termal que mantiene una temperatura constante de 22°-25°. Aún se desconoce cuál es la fuente de estas aguas claras, en parte dulces y en parte saladas, pero sus devotos no dudan de sus propiedades curativas. Flanqueado por una elevada pared rocosa a un lado y árboles al otro, es un lugar estupendo para nadar, especialmente en las frías mañanas de invierno.

Plano T3 • 210 896 2239 • Autobús E22 desde Atenas • Horario: verano 6.30-20.00; invierno 7.30-17.00 • Se cobra entrada

4 Templo de Poseidón

Este templo del siglo V a.C. es uno de los pocos construidos en honor a Poseidón. Resulta fascinante contemplar el atardecer desde las blancas columnas de mármol que se conservan en lo alto del cabo Sunio, recortado sobre el incomparable azul iridiscente del Egeo. Ante esta vista Byron pidió "Colocadme en la cumbre marmórea de Sunio, / donde nada, salvo las olas y yo, / oigamos pasar nuestros mutuos murmullos; / allí, como el cisne, dejadme cantar y morir." *(ver también p. 45).* *Plano T3 • 2292 039 363 • Autobús desde la terminal KTEL de Atenas (2 horas de viaje) • Horario: todos los días 9.00-atardecer • Entrada 4 €, estudiantes de la UE gratis*

Templo de Poseidón

Los autobuses hacia la mayoría de los destinos del Ática salen desde la terminal KTEL de Atenas, en Mavromateon

Santuario de Artemisa, Brauron

5 Santuario de Artemisa, Brauron

Este templo dedicado a Artemisa, diosa de la caza y el parto, fue uno de los más importantes de Grecia. En él se celebraba el festival del oso: las niñas se disfrazaban de oseznos y representaban el baile del oso, en honor al animal preferido de la diosa. Cuando el rey Agamenón sacrificó a su hija Ifigenia en honor a Artemisa, la diosa la salvó y la trajo hasta aquí, donde se convirtió en suma sacerdotisa. Su tumba es el santuario más antiguo del lugar. El yacimiento está bien conservado y se mantiene verde y tranquilo. En el museo se exponen los hallazgos de la zona. *Markopoulo, Mesogia • Plano T3 • Horario: ma-do 8.30-15.00 • Se cobra entrada*

6 Rafína

Si se viaja a las islas de Andros y Evia, se pasará por Rafína, el segundo puerto del Ática después de El Pireo. Es más pequeño y limpio que su caótico hermano mayor, pero no por ello deja de tener el típico ambiente portuario. Si se dispone de unas horas, se puede coger un autobús desde el puerto hasta la playa. Los valientes pueden subir a las rocas situadas junto a la playa y unirse a los niños que se lanzan desde los acantilados. *Plano T2 • Autobús KTEL desde la terminal de Mavromateon*

7 Maratón

En el año 490 a.C., tuvo lugar aquí una de las batallas más importantes de la historia. Un ejército de 10.000 griegos y plateos derrotaron a 25.000 persas, protegiendo la recién creada primera democracia. Todavía se conserva la tumba a los 192 griegos que cayeron, en el bando enemigo fueron 6.000 los caídos. Tras la victoria, Filípides corrió durante 42 km hasta Atenas para anunciar el desenlace, cuando cumplió su misión falleció de agotamiento. En el museo se exponen hallazgos de la zona. *Plano T2 • Tumba de Maratón: 2294 055 462 • Museo Arqueológico: 2294 055 155 • Horario: ma-do 8.30-15.00 (ambos) • Autobuses diarios desde la terminal de Mavromateon • Se cobra entrada (en ambos)*

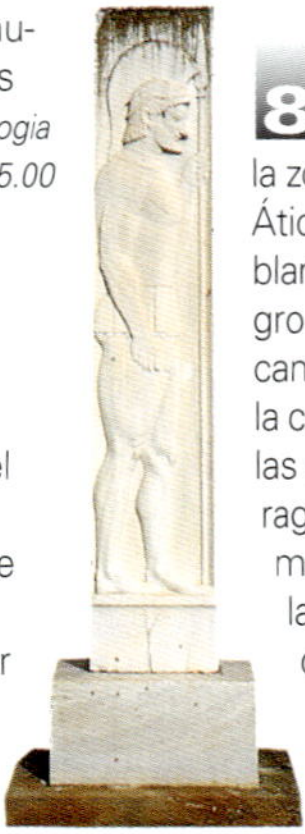

Monumento en Maratón

8 Schinias

Muchos consideran Schinias la zona costera más hermosa del Ática por sus playas de arena blanca y sus bosques de pino negro. Esta zona ha sufrido grandes cambios para las Olimpiadas, con la construcción de un lago para las competiciones de remo y piragüismo. Esto implica el aumento de tabernas situadas en la costa. Si se dispone de coche, es posible encontrar muchos lugares agradables para nadar, especialmente a mitad de semana. *Plano T2 • Autobús KTEL desde la terminal Mavromateon*

Pinos en la playa de Schinias

9 Ramnoús

Las ruinas de los templos dedicados a Némesis (diosa del castigo divino) y Tetis (madre de Aquiles y diosa del mar) se encuentran entre los yacimientos menos explotados turísticamente de Grecia. Ramnoús es un bello y apartado lugar, sobre el golfo de Eubea, con una atractiva vista del mar. En las cercanías hay varias playas bonitas y apartadas. *Plano T2 • Horario: todos los días 8.30-15.00 • Se cobra entrada*

10 Santuario de Amphiaraos

Construido en el siglo IV a.C., este santuario fue oráculo y centro de salud. Honraba a Anfiarao, un argonauta profeta que fue engañado para luchar contra Tebas, aunque había predicho que moriría: lo tragaría la tierra, y así ocurrió, desde entonces fue considerado un dios. En verano, este alegre lugar se cubre de flores. *Plano T2 • Horario: ma-do 8.30-15.00 • Se cobra entrada*

El héroe local

Teseo está unido al Ática en una mezcla de mitología e indicios de evidencia histórica que sugieren que realmente pudo existir un rey Teseo. Este rey consiguió unir los Estados escindidos de la región, mientras que Teseo, el héroe, es famoso por matar monstruos y relacionarse con multitud de mujeres, desde Helena de Troya hasta Hipólita, reina de las amazonas.

Recorrido por el Ática

Mañana

El día comienza temprano conduciendo desde Atenas hasta **Maratón.** Se puede contemplar la llanura donde los griegos consiguieron su gran victoria militar y enterraron a sus guerreros. El día continúa en las ruinas de **Ramnoús.**

La mañana termina conduciendo hacia el sur por la costa, para detenerse en Loutsa a comer pescado a la brasa en **Xypolitos** *(ver p. 127).*

Tarde

Después de comer, el camino prosigue hacia el sur hasta el bien conservado **santuario de Artemisa** en Brauron, dedicado a la diosa cazadora. Desde allí, hay poco más de una hora de viaje hasta uno de los lugares más espléndidos de Grecia: el **templo de Poseidón** en Sunio *(ver p. 123).* Si todavía queda bastante luz, merece la pena dirigirse primero a una de las dos playas cercanas. La bajada hacia la que se encuentra a la izquierda del templo es algo escarpada pero ofrece unas bonitas vistas; la playa del hotel, a la derecha, es más accesible pero está llena de personas tomando el sol. Las últimas horas antes del atardecer, hay que dedicarlas al templo, desde el cual se ve cómo el crepúsculo tiñe el Egeo de púrpura y las columnas de mármol de rosa y oro.

Una vez en la carretera de la costa hacia Atenas, existen dos opciones para la cena. La cercana taberna **Syrtaki** o, más próximo a la ciudad, el elegante club costero **Island,** frecuentado por la gente guapa *(ver p. 127 para ambos).*

Izquierda **Puerto de Egina** Derecha **Ciudad de Poros**

TOP 10 Islas cercanas

1 Salamina
La boscosa Salamina tiene una rica historia: en ella nació el dramaturgo Eurípides y, en el año 480 a.C., los griegos derrotaron a Jerjes. En la actualidad, la proximidad con la industria que rodea El Pireo le ha restado popularidad. *Plano S3*

2 Egina
Gratificante viaje de un día, a sólo media hora de Atenas, con playas agradables, el templo de Aphaia, y Agios Nektarios, una de las mayores iglesias de los Balcanes. *Plano S3*

3 Angistri
Este diminuto islote junto a Egina ofrece playas tranquilas, agua cristalina, algunos hoteles pequeños, tabernas de pescado, y poco más. *Plano S3*

4 Hydra
El encantador pueblo de Hydra, cuyos caminos empedrados serpentean entre antiguas mansiones agrupadas alrededor del puerto de aguas claras, es uno de los lugares más hermosos de Grecia. Su fama como refugio de famosos y telón de fondo de películas no ha empañado su encanto. *Plano S4*

5 Poros
Olvidada por la mayoría de los turistas, Poros es famosa por sus fragantes limoneros. Merece la pena dejar atrás la ciudad de Poros para adentrarse en sus bosques. *Plano S4*

6 Spetses
En Spetses hay bosques de pinos, buenas playas y un encantador pueblo con puerto. Los coches están prohibidos pero se puede bordear la costa en taxis acuáticos. *Plano S4*

7 Tzia
Aunque se encuentra a sólo media hora de Lavrion, Tzia se mantiene tranquila y relativamente libre de turistas. Su interior es fértil y está lleno de flores. No hay que perderse el león de piedra de Tzia, tallado en la ladera de una colina, ni el excelente vino local. *Plano T3*

8 Andros
La isla de Andros con sus playas doradas es encantadora, exclusiva y cara. El Museo Goulandris de Arte Moderno acoge estupendas exposiciones cada verano. *Plano V3*

9 Kythnos
Kythnos es en gran parte estéril y mucho menos pintoresca que las otras Cícladas. Su atractivo reside en sus manantiales termales curativos que, se dice, son los mejores de todo el Egeo. *Plano J4*

10 Evia
La inmensa Evia es la isla perfecta para los montañeros por sus cumbres verdes y largos senderos que serpentean por los pueblos del interior. En el extremo norte, los elegantes centros de vacaciones se agrupan alrededor de los manantiales termales (*ver p. 111*).

Los barcos que van a Evia y Andros salen de Rafína, y los que van a Tzia, de Lavrio; a las demás islas se llega en barcos desde El Pireo

Precios

Una comida de tres platos con media botella de vino, servicio e impuestos incluidos.	€ menos de 30 €
	€€ 30-40 €
	€€€ 40-50 €
	€€€€ 50-60 €
	€€€€€ más de 60 €

Syrtaki, Sunio

TOP 10 Dónde comer

1 Moita, Hydra

Cocina mediterránea ligera y creativa servida en un patio encantador. Se centra en el marisco pero no hay que perderse las peras cocidas a fuego lento con vino para el postre. *Plano S4 • 2298 052 020 • Abierto: Semana Santa griega-oct • €€*

2 Vassilis, Mati

Sencilla taberna que sirve delicias como el suculento cochinillo asado y las *kolokeftedes* (bolas de calabacín fritas). *A 27 km de Avenida Marathonos, Mati • Plano T2 • 2294 033 807 • Abierto: Semana Santa griega-oct todos los días; resto del año viernes y fines de semana • €*

3 Kavouri, Nea Makri

En esta taberna con jardín junto al mar sirven una estupenda *taramasalata* y marisco fresco a la brasa. El calamar es especialmente bueno. *Playa Marathonas, Nea Makri • Plano T2 • 2294 055 243 • Abierto: abr-oct todos los días; resto del año viernes y fines de semana • €€*

4 Mezedopoleio To Steki, Aegina

En este local situado cerca de la lonja, se puede estar seguro de que hay buen marisco acompañado de *ouzo*. *Pan Irioti 45, Egina • Plano S3 • 2297 023 910 • €*

5 Patralis, Spetses

Su ubicación carece de encanto pero probablemente sirve la mayor variedad de pescado fresco de la isla. *Kounopitsa, Spetses • Plano S4 • 2298 072 134 • €*

6 Syrtaki, norte de Sunio

La taberna más popular en el entorno de Sunio, y con razón. Sus tres plantas tienen una bonita vista del mar. La ternera y el pulpo fresco asados resultan siempre sabrosos. *A 2 km al norte del templo de Poseidón • Plano T3 • 2292 039 125 • €*

7 Ennea Kores, Tzia

Hay que dirigirse al final de la bahía para llegar a este favorito de los entendidos atenienses. Destaca el *poikilia* (plato combinado) de marisco fresco con delicias de verduras. *Puerto Vourkari, Tzia • Plano U3 • €*

8 Xypolitos, norte de Brauron

Esta taberna costera de pescado ofrece estupendos entrantes, pero conviene dejar sitio para el pescado a la brasa. *25 Martiou y George Papandreou, entre Artemida y Loutsa • Plano T3 • €€*

9 Ithaki

Cocina elaborada y clientela selecta, en un edificio construido en un acantilado con vistas al mar. Pricipalmente ofrece pescado, pero también tiene una buena selección de carnes. *Apollonos 28, Vouliagmeni • Plano T3 • 210 896 3747 • €€€€*

10 Island, Varkiza

A casi una hora de Atenas este club junto al mar ofrece cocina mediterránea de fusión y *sushi*. Merece la pena quedarse a disfrutar del baile nocturno. *Km 27 de la carretera Atenas-Sunio, Varkiza • Plano T3 • 210 965 3563 • Abierto: may-oct • €€€*

***Nota:** todos los restaurantes aceptan tarjetas de crédito y sirven platos vegetarianos si no se especifica lo contrario*

ΠΑΝΤΑ ΦΡΕΣΚΟΙ
ΚΑΡΥΔΙΑ
ΦΟΥΝΤΟΥΚΙ

DATOS ÚTILES

Izquierda **Cartel en caracteres griegos y latinos** Derecha **Pasajeros en el aeropuerto de Atenas**

TOP 10 Cómo organizar el viaje

1 Pasaportes y visados

Los ciudadanos de la UE (además de Noruega e Islandia) sólo necesitan un documento de identidad válido para entrar en Grecia y pueden permanecer en el país indefinidamente. Aunque nunca está de más llevar consigo el pasaporte, como acreditación alternativa al DNI. Es aconsejable revisar su fecha de expiración con cierta antelación al viaje.

2 Cuándo ir

Atenas recibe visitantes a lo largo de todo el año. En verano, la afluencia de turistas se eleva ya que la ciudad suele ser parada en el camino a las islas, a este inconveniente se suman las altas temperaturas. Es aconsejable ir a finales de primavera o principios de otoño, cuando el tiempo suele ser más suave y hay menos viajeros.

3 Clima

Atenas goza de un clima mediterráneo. Los veranos son calurosos y secos, con temperaturas que oscilan entre 22° y 32° en julio. Los inviernos suelen ser suaves, con temperaturas medias entre 7° y 13° en enero, con abundantes lluvias e incluso nevadas ocasionales.

4 Equipaje

En verano, es suficiente con llevar ropa ligera; pero no hay que olvidar prendas de manga larga, o un pañuelo para cubrirse, y pantalones o falda adecuados para visitar las iglesias. Durante el resto del año, se necesita ropa de más abrigo. Un calzado cómodo para caminar resulta imprescindible.

5 Idioma

El griego es el idioma oficial, aunque hay mucha gente, especialmente los jóvenes y aquellos que trabajan en el sector turístico, que habla un buen inglés. En general, no se suele tener problemas de comunicación, pero aprender algunas palabras del país anfitrión es agradecido.

6 Carteles en calles y tiendas

Los carteles se escriben en caracteres griegos y latinos y en los planos turísticos se usa el alfabeto latino. Las tiendas y restaurantes, sobre todo los menos turísticos, pueden disponer sólo de carteles en griego.

7 Salud

España tiene un convenio bilateral de asistencia sanitaria con Grecia. Los residentes de la Unión Europea tienen derecho a tratamiento médico gratuito en los servicios de la red sanitaria pública, siempre que presenten la tarjeta sanitaria europea en vigor, que se puede solicitar en el Centro de Salud. Si se tiene suscrito un seguro privado de salud, es conveniente informarse sobre la cobertura que pueda tener éste en el extranjero.

8 Seguridad

Atenas es una de las ciudades más seguras de Europa. Con todo nunca hay que dejar de tomar las precauciones habituales: guardar los objetos de valor en un lugar seguro y mantener vigilados la cartera y el pasaporte.

9 Precios locales

Los griegos se quejan de que el coste de la vida ha crecido desde la introducción del euro. Los precios son similares a los de otros países de la UE, excepto en los taxis y en el transporte público, cuyas tarifas son más baratas.

10 Permiso de conducción

Para conducir un coche en Grecia, los ciudadanos de la UE sólo necesitan tener el permiso de conducción en regla, la documentación del coche y una tarjeta verde (certificado de seguro internacional). Para alquilar un coche o una moto, se exige el carné de conducir con un año de antigüedad y ser mayor de 21 o 25 años.

Días festivos

1 y 6 de enero
25 de marzo
Primer lunes de Cuaresma
Semana Santa ortodoxa
1 de mayo
Lunes de Pentecostés
15 de agosto
28 de octubre
25 y 26 de diciembre

Izquierda **Guías atenienses** Derecha **Periódicos**

TOP 10 Dónde informarse

1 GNTO
La oficina del Servicio Nacional Griego de Turismo (GNTO), cercana a Plateía Syntagma, ofrece información básica y dispone de folletos sobre la ciudad y los alrededores.

2 Páginas web
La página web de la GNTO es un buen punto de partida. En www.culture.gr se ofrece información sobre yacimientos arqueológicos, museos y acontecimientos culturales. El Festival de Atenas de verano tiene su página: www.greekfestival.gr. *Greece Now*, www.greece.gr, incluye artículos en inglés sobre la política y cultura griega contemporáneas.

3 Periódicos
Se puede encontrar la edición internacional de *El País* y *Abc* en los grandes puntos de venta de prensa. También se recomienda el periódico *Athens News*, ya que ofrece una cartelera.

4 Revistas locales
Odyssey, una publicación ilustrada bimensual, incluye relatos sobre Grecia. *Athens Today* es una edición de bolsillo quincenal y gratuita con información para los visitantes. Ambas se publican en inglés.

5 Radio y televisión españolas
Radio Exterior de España emite noticias cada hora. Para conocer su frecuencia se puede visitar la página www.rne.es. El Canal Internacional de Televisión Española se puede sintonizar con antenas parabólicas de un diámetro de 70 cm; para más información se puede consultar www.rtve.es.

6 Guías y planos
La GNTO distribuye mapas gratuitos del centro de Atenas, El Pireo y la costa, y el Ática. Para una selección más amplia, visitar la librería Eleftheroudakis *(ver p. 91)*.

7 Información sobre negocios
La Cámara de Comercio e Industria de Atenas ofrece información sobre oportunidades de inversión en la capital. La página de la GNTO dispone de una completa guía para profesionales en inglés.

8 Juegos Olímpicos
El movimiento Olímpico (www.olympic.org) ofrece detalles de los Juegos de Atenas de 2004, así como información de celebraciones pasadas y futuras.

9 Viajeros discapacitados
Rompiendo Barreras organiza viajes para personas con movilidad reducida. Viajes 2000 es una minorista cuyo accionista único es la ONCE. Ofrece un turismo accesible para personas con todo tipo de discapacidades.

10 Lecturas adicionales
Además de los clásicos de la p. 37, se puede leer *Tres viajes románticos: Grecia, Túnez, México* de Terenci Moix. Javier Reverte ha escrito *El corazón de Ulises*, en el que armoniza un viaje actual con la cultura clásica griega. Robert Graves ha escrito mucho sobre el mundo helénico; el lector puede iniciarse con *Dioses y héroes de la Antigua Grecia*.

Oficinas GNTO

- *Grecia: Amalias 26, Atenas www.gnto.gr*
- *España: Quintana 2 y Princesa 2d y 2e, 28008 Madrid 91 548 48 90*

Información sobre negocios

- *Cámara de Comercio e Industria de Atenas www.acci.gr*

Viajeros discapacitados

- *Rompiendo Barreras Travel Roncesvalles, 3 28007 Madrid 902 160 850*
- *Viajes2000 www.viajes2000.com 91 323 25 23*

Izquierda **Transbordador en El Pireo** Derecha **Taxis de Atenas**

TOP 10 Llegada a Atenas

1 Vuelos desde España
Iberia y la línea aérea nacional griega, Olympic Airways, ofrecen vuelos directos entre España y Atenas. Iberia conecta Madrid y Barcelona con Atenas; de la primera salen dos vuelos diarios, de la segunda, uno. Olympic Airways vuela desde Madrid una vez al día con destino a Atenas.

2 Vuelos chárter
Los mayoristas suelen ofrecer vuelos chárter que resultan más económicos. Estos billetes a menudo tienen una serie de restricciones: una vez comprados no se puede cambiar las fechas y además exigen una estancia mínima en el país de destino.

3 Duración del vuelo
El trayecto Madrid-Atenas sin escalas se cubre en 3 horas y 20 minutos mientras que Barcelona-Atenas se hace en 2 horas y 50 minutos.

4 Vuelos económicos y agencias virtuales
Para buscar ofertas de última hora se puede consultar www.lastminute.es. Iberia ofrece todos los jueves en www.iberia.com plazas de última hora. Travelprice.es, Viajarabajoprecio.es y Edreams.es son agencias virtuales que también disponen de ofertas.

5 Llegar desde el aeropuerto a la ciudad
La línea 3 de metro lleva desde el aeropuerto hasta Syntagma, en el centro de la ciudad. Durante todo el día, tres líneas de autobuses rápidos cubren los 27 km que separan el aeropuerto de la ciudad. El E94 llega hasta la estación de metro Ethniki Amyna; el E95, hasta Plateía Syntagma; y el E96, hasta El Pireo. El viaje en taxi dura aproximadamente 40 minutos.

6 Transbordador desde Italia
Aunque no existen transbordadores directos de Italia a El Pireo, hay servicios nocturnos regulares desde Trieste, Venecia, Brindisi, Ancona y Bari hasta Patra. Muchos trenes, combinan con ellos. La mayoría de las compañías ofrece un autobús de enlace desde Patra hasta Atenas. El servicio griego de ferrocarriles (OSE) dispone de ocho trenes diarios desde Patra hasta Atenas (4 horas de viaje).

7 Transbordador desde las islas griegas hasta El Pireo
Hay transbordadores regulares que viajan desde el Dodecaneso, las Cícladas, las islas del golfo de Sarónica, Creta, Samos y las islas del noreste del Egeo hacia El Pireo. También están los aerodeslizadores de Hellas Flying Dolphins, más rápidos y caros.

8 En Tren
Viajar en tren desde España hasta Atenas puede resultar agotador. Aquellos para los que Atenas es una parada de un largo viaje en ferrocarril pueden disfrutar del Inter Rail. Grecia se incluye en la zona G. El pase permite también acceder a los transbordadores que conectan Italia con Grecia

9 En coche
Atenas y España están separadas por unos 2.000 km. Las principales carreteras que llegan a Grecia son: la E90 desde Turquía la E79 desde Bulgaria; y la E75 desde la República Federal de Yugoslavia, Macedonia.

10 En autobús
Desde España, Viajes Eurolines llega hasta Italia, donde se puede tomar un transbordador.

Líneas aéreas
www.iberia.es
www.olympicairways.gr
www.spainair.es

Información sobre el aeropuerto
Centro de información 24 horas del aeropuerto internacional de Atenas: 210 353 0000, www.aia.gr

Transbordadores
www.ferries.gr
www.dolphins.gr

Trenes y autobuses
www.renfe.es
www.interrail.net
www.eurolines.com

Izquierda **Autobús** Centro **Cartel de metro** Derecha **Funicular**

TOP 10 Cómo desplazarse

1 A pie
La mayoría de los monumentos importantes se sitúa en el centro de la ciudad por lo que se puede visitar paseando.

2 Tranvía
Hay tres líneas de tranvías que unen el centro de la ciudad y la costa: la T1 va desde Syntagma a Neo Faliro; la T2 desde Neo Faliro a Glyfada; y la T3 de Glyfada a Syntagma.

3 Autobús
La red de autobuses ateniense es amplia. Los autobuses azules funcionan a diario de 5.00 a 0.30 y también cuentan con servicios nocturnos. Aunque son baratos, a menudo están abarrotados, especialmente en las horas punta. Los billetes se pueden comprar en la mayoría de los quioscos *(periptera)* y deben validarse al subir al autobús en las máquinas color naranja. También se pueden adquirir pases mensuales que cubren toda la red de transporte urbano: autobuses, trolebuses y metro.

4 Trolebús
Este servicio se ha ampliado y actualmente existen 25 rutas cubiertas por trolebuses amarillos. Se usan los mismos billetes que para los autobuses azules, y se validan al subir al trolebús.

5 Metro
La red de metro, que funciona de 5.30 a 00.00, se ha ampliado recientemente. La línea 1 se extiende de norte a sur entre el barrio de Kifissia y El Pireo. La línea 2 une Sepolia y Dafní, con una parada intermedia cerca de la Acrópolis. La línea 3 se ha ampliado y circula desde Plateía Syntagma hasta el aeropuerto.

6 Alquiler de coches
No merece la pena alquilar un coche para moverse por la ciudad, en cambio, si se quiere recorrer los alrededores, puede ser interesante hacerse con un vehículo *(ver p. 130)*.

7 Aparcamiento
Aparcar en el centro de Atenas resulta muy difícil. El aparcamiento más céntrico, y a menudo completo, se encuentra en Plateía Klafthmonos. Si no hay sitio y el hotel no dispone de aparcamiento , probablemente la mejor opción sea utilizar el nuevo estadio olímpico en Irini, a las afueras, y después coger el metro.

8 Taxis
Los taxis de Atenas son de color amarillo, abundan y resultan baratos. Pueden pedirse por teléfono con un pequeño recargo, o pararlos en la calle. Es bastante habitual que el taxista coja por el camino pasajeros que vayan en la misma dirección. Las tarifas son más altas entre medianoche y las 5.00, y se cobra suplemento por transportar equipaje y por los trayectos al aeropuerto.

9 Ciclomotores
El ciclomotor es una forma rápida aunque algo arriesgada de moverse. Si se tiene un permiso de conducción válido, se puede alquilar uno en Rent Moto, en Koukáki.

10 Funicular
Para subir a la colina Lykavittós *(ver pp. 52 y 97)* se puede coger el funicular en Aristippou. Sale cada 20 minutos de 9.00 a 15.00.

Organismo del transporte urbano de Atenas
www.oasa.gr

Alquiler de coches
- *Avis 210 322 4951, www.avis.gr*
- *Budget 210 349 8800, www.budget.gr*
- *Europcar 210 924 8810, www.europcar.com*
- *Hertz 210 922 0102, www.hertz.gr*

Alquiler de ciclomotores
- *Moto Rent 210 923 4939, www.motorent.gr*

Tranvía
- *www.tramsa.gr*

Izquierda **Buzones** Centro **Cabinas telefónicas** Derecha **Café con Internet**

TOP 10 Dinero y comunicaciones

1 Moneda

El euro reemplazó al dracma en 2002. *Lepta* significa céntimo. Las monedas recogen motivos históricos como la independencia o grandes personalidades griegas como el político Elefherios Venizelos.

2 Bancos, cajeros automáticos, tarjetas y efectivo

Los bancos abren normalmente de lunes a jueves de 8.00 a 14.00 y los viernes de 8.00 a 13.30. En Atenas, abundan los cajeros automáticos operativos todo el día. Los hoteles, restaurantes y tiendas más grandes aceptan tarjetas de crédito, pero los negocios menos turísticos, como las pequeñas tabernas, sólo aceptan efectivo.

3 Correos

Las cartas y postales enviadas por avión tardan unos 4 días en llegar a otros países de la UE. La oficina de correos más céntrica está en Mitropoleos, cerca de Plateía Syntagma, y abre de lunes a viernes de 7.30 a 20.00; los sábados, de 7.30 a 14.00; y los domingos, de 9.00 a 14.00. Otras oficinas de correos de la ciudad abren de lunes a viernes de 8.00 a 14.00. Los buzones son amarillos y tienen una ranura para el correo nacional y otra para el internacional.

4 Teléfonos

Se pueden hacer llamadas internacionales desde las oficinas de Telecomunicaciones Griegas (OTE) en Patission 85 (abierta las 24 horas) y Stadiou 15 (lu-vi 7.00-00.00 y sá-do 8.00-00.00). También se puede llamar desde las cabinas distribuidas por la ciudad para las que se necesita una tarjeta de 100 pasos (unos 4 €), a la venta en quioscos.

5 Llamadas a Grecia

Si se llama desde otro país, hay que marcar el prefijo internacional de Grecia, el 0030. El prefijo de Atenas es el 210.

6 Números de teléfono griegos

Todos los teléfonos griegos constan de diez dígitos que incluyen el prefijo local, que se debe marcar incluso cuando se llama a una misma zona.

7 Teléfonos móviles

Todos los números de móviles griegos empiezan por 69 y tienen diez dígitos. Para utilizar el propio teléfono, antes de salir de viaje se debe consultar con la compañía telefónica contratada.

8 Internet

Hay por toda la ciudad cafés con acceso a la Red. En la zona centro destacan Museum Internet Café (www.museumcafe.gr) en Patission 46, junto al Museo Arqueológico Nacional, Cafe4u (www.cafe4u.gr) en Ippokratous 44 en Exárcheia, que abre las 24 horas, y Bits and Bytes en Akadimias 78, cerca de Omonia. En El Pireo, se puede acudir a Netmania (www.netmania.gr) en Vasileos Pavlou 135, debajo de Kastella.

9 Instalaciones para negocios

El Athenaeum Intercontinental y el Hilton *(ver p. 141 para ambos)* disponen de centros de negocios bien equipados con teléfonos, faxes, conexión a internet, impresoras y fotocopiadoras, además de servicios de secretariado y traducción.

10 Cursos de griego

Las escuelas de idiomas más reputadas para aprender griego son Athens Centre y Hellenic American Union.

Información telefónica

- *Información telefónica nacional: 131*
- *Información telefónica internacional: 139 (en inglés); también para llamadas a cobro revertido*

Cursos de griego

- *Athens Centre Archimidous 48; 210 701 2268 www.athenscentre.gr*
- *Hellenic American Union Massalias 22; 210 368 0000 www.hau.gr*

Izquierda **Mercadillo** Derecha **Galería comercial**

TOP 10 Información sobre compras

1 Zonas comerciales

En la capital, las elegantes *boutiques* de diseño jalonan las calles de Kolonáki, con zapaterías y tiendas de lujo en Ermoú y Patission. Las zonas más económicas se encuentran Monastiráki, Psiri y Thissio. Kifissia, en el norte, acoge abundantes *boutiques* de diseño y elegantes centros comerciales repletos de caros artículos de importación. En el sur, Glyfáda dispone de un paseo marítimo con sucursales de la mayoría de las tiendas del centro.

2 Horarios

Por norma general, las tiendas abren lunes, miércoles y sábado de 9.00 a 15.00 y martes, jueves y viernes de 9.00 a 14.30 y de 17.00 a 18.30. Los grandes almacenes y tiendas, los comercios situados en zonas turísticas, las floristerías y las panaderías abren hasta más tarde y a menudo no cierran al mediodía. Las farmacias cierran los sábados y los quioscos a menudo permanecen abiertos hasta medianoche.

3 Tarjetas de crédito

La mayoría de las tiendas de Atenas aceptan las principales tarjetas de crédito (VISA, American Express, Mastercard, Diners Club), aunque los comercios más pequeños y las tabernas sólo cobran con efectivo. En las zonas rurales y en las islas no sólo hay muchos establecimientos que rechazan las tarjetas de crédito sino que los cajeros a menudo escasean. Por eso, si se piensa hacer una corta excursión fuera de la ciudad, hay que asegurarse de llevar suficiente dinero en efectivo.

4 Impuestos

El IVA supone aproximadamente el 18% y está incluido en el precio de la mayoría de los artículos; los alimentos se gravan con un 8,5%.

5 Devoluciones

Los productos se pueden cambiar con el justificante de compra. Aunque las leyes griegas obligan a devolver el dinero al cliente que no está satisfecho con el producto comprado, en la práctica las tiendas siempre ofrecen un cambio.

6 Mercados

El domingo es el día del mercadillo de Atenas *(ver p. 80)* y el de El Pireo *(ver p. 105)*. Además, cada zona de Atenas organiza su propio mercado semanal, el *laiko*, donde se puede comprar fruta fresca, verdura, pescado e incluso ropa interior.

7 Rebajas

Enero y febrero y agosto son los meses oficiales de rebajas pero es posible encontrar tiendas con *prosfores* (descuentos) durante todo el año. Los almacenes como The Factory Outlet en Pireos (une Plateía Omónia y El Pireo) ofrecen un amplio surtido de productos de marcas a precios muy baratos.

8 Recuerdos

Plaka y Monastiráki son las mejores zonas para comprar regalos tradicionales como jarrones, artículos de piel y sartas de cuentas, así como piezas más actuales de jóvenes artistas griegos. El área que rodea Athinas es el mejor lugar para adquirir aceitunas, aceite de oliva, quesos griegos, miel, especias, hierbas, bandejas y jarras de hojalata.

9 Reproducciones de obras de arte

Tanto el Museo Benáki *(ver pp. 22-23)* como el Museo de Arte Cicládico *(ver pp. 18-19)* venden excelentes reproducciones. El primero dispone de copias de iconos, esculturas y jarrones, juguetes y joyas antiguos; el segundo ofrece maravillosas réplicas de figurillas cicládicas.

10 Joyas

La joyería griega merece su fama. Los maestros Lalaounis *(ver pp. 72 y 73)* y Zolotas *(ver p. 91)*, ambos conocidos por sus complicados trabajos en oro, disponen de salones de exposiciones en Voukourestiou, junto a firmas internacionales como Bulgari y Gavello. Los talentos más recientes, como Elena Votsi *(ver p. 55)* y Lito Karacostanoglou, se encuentran en el elegante Kolonáki. El joyero y relojero Folli Follie *(ver p. 99)* abre sus tiendas en las zonas con más categoría de Atenas.

Las mejores zonas comerciales de Atenas **ver pp. 54-55**

Izquierda **Taberna de Plaka** Derecha ***Ouzerí***

TOP 10 Comer en Atenas

1 *Estiatórion*

La mayoría de los platos que ofrecen estos restaurantes son especialidades de carne al horno y pescado como la *mousaka* (capas de berenjena y carne picada), *stifado* (guiso) y *gemista* (verduras rellenas), que a menudo se preparan con antelación y se sirven templados. Los postres normalmente se reducen a pastelillos y fruta fresca.

2 Tabernas

El plato clásico de taberna son los *mezes* (entrantes), que se sirven fríos o calientes, además de platos de carne y pescado, fritos o asados a la parrilla en el momento. En algunos de estos locales no hay menú, pero los camareros ofrecen bandejas con los platos del día, para elegir lo que más apetezca. No existe un orden establecido: los platos suelen llegar de forma continua pero algo aleatoria.

3 *Psistariá*

Las *psistariá* están especializadas en carne asada en espetón y a la brasa *(sta karvouna)* como el *souvlaki (shish kebabs)*, *kokoretsi* (asaduras) y cordero y pollo asado en espetón. También se ofrece una serie de platos básicos para los vegetarianos: *horiatiki salata* (ensalada griega), *tzatziki* (salsa de yogur y pepino), *saganaki* (queso frito) y *tiganites patates* (patatas fritas).

4 *Psarotavérna*

Una *psarotavérna* está especializada en preparar pescado recién capturado como *barbouni* (salmonete) y *xifias* (pez espada). Normalmente se cocinan a la parrilla y se sirven con limón y aceite de oliva. Los entrantes pueden incluir *kalamaraka* (chipirones), *okhtapodhi* (pulpo) y *garidhes* (gambas).

5 *Ouzerí* y *mezadopoleio*

Las *ouzerí* toman su nombre del *ouzo*, un vigorizante licor con sabor a anís y de alta gradación. Se trata de locales para beber y charlar con los amigos de forma relajada frente a una serie de *mezes*. Normalmente también sirven cerveza y vino. Un *mezadopoleio* ofrece *mezes* más sustanciosos que, por su variedad y calidad, pueden formar una comida completa. Algunas de las mejores de Atenas se encuentran alrededor de Omónia *(ver p. 92)*.

6 Tentempiés

Si las cadenas de comida rápida estilo americano han tenido poca repercusión en los hábitos alimenticios locales, se debe a que los griegos son aficionados a sus tentempiés. Así, se puede tomar *tiropites* (pasteles de queso), *spanakopites* (pasteles de espinacas) y *souvlaki* para llevar (pan de *pita* relleno con carne a la parrilla, *tzatziki* y cebolla y tomate recién cortados). La cadena griega Everest prepara sabrosos bocadillos tostados que rellenan en el momento.

7 Horarios de comidas

La mayoría de los griegos toma un café fuerte para despertarse, luego come alrededor de las 15.00 y cena después de las 22.00. Gran parte de los restaurantes sirve el almuerzo entre 12.00 y 16.00 y la cena entre 20.00 y medianoche, aunque en zonas turísticas como Plaka se pueden encontrar muchos establecimientos abiertos durante todo el día.

8 Etiqueta

Los griegos tienen costumbre de salir a comer con la familia y los amigos y suelen vestir de manera informal para tales ocasiones. Rara vez se exige corbata, incluso en los restaurantes más elegantes.

9 Música en directo

Muchas tabernas, especialmente en Plaka, ofrecen actuaciones nocturnas de música tradicional griega. Están pensadas especialmente para los turistas, pero por ello no dejan de ser animadas y entretenidas.

10 Propinas

Es habitual dejar un 10% de propina si se ha disfrutado de la comida y el servicio ha sido bueno. En la semana que precede la Semana Santa y Navidad, los restaurantes añaden a la factura un 18% obligatorio para los camareros.

Los mejores restaurantes de Atenas **ver pp. 56-57**; *los mejores platos griegos* **ver pp. 58-59**

Izquierda **Vendedores callejeros** Derecha **Bulliciosa escena callejera**

TOP 10 Consejos

1 Taxis
Los taxis de Atenas son baratos pero excepcionalmente puede ocurrir que algún taxista sin escrúpulos se aproveche de los turistas. Para evitarlo, simplemente hay que observar que el taxímetro está a la vista y que se pone en marcha al comenzar el recorrido.

2 Vendedores
Las calles de Plaka están abarrotadas de personas deseosas de atraer a los viandantes hacia sus restaurantes y tiendas de regalos. Este fenómeno es menos común en otros barrios del centro. La mayoría de estos establecimientos ofrecen servicios perfectamente adecuados, pero no hay que dejarse acosar, negándose firme pero amablemente basta.

3 Iglesias
Al visitar las iglesias se debe observar ciertas normas: respetar el silencio, desconectar el teléfono y vestir adecuadamente. Los hombres tienen que llevar el pecho y las piernas cubiertas y las mujeres deben cubrirse los hombros y el escote.

4 Viajar sin billete válido
En los autobuses, tranvías y metro se revisan los billetes al azar. Viajar sin un billete válido implica pagar en el momento una multa que oscila entre los 18 y los 29 €.

5 Aseos
La red de alcantarillado griega tiene desagües estrechos que se atascan fácilmente, por ello hay que tirar el papel higiénico en un recipiente de plástico y no en el inodoro. Si no se cumple esta norma, se corre el riesgo de obstruir el desagüe e inundar el baño.

6 Perros
En Atenas viven alrededor de 150.000 perros callejeros. Para evitar que esta población aumente, el Ayuntamiento ha establecido un plan de esterilización. Estos perros son, por lo general, inofensivos.

7 No fumar
Los griegos fuman casi el doble de cigarrillos que la media europea. A finales de 2002, se prohibió fumar en todos los espacios públicos cerrados, lo que obliga a los restaurantes a crear zonas para fumadores y no fumadores. De todas formas, los restaurantes suelen estar bien aireados y con el buen tiempo siempre existe la posibilidad de comer al aire libre.

8 Alimentar a los gatos callejeros
Aunque puede resultar tentador alimentar a los gatos que rondan alrededor de las mesas a la hora de comer, esto puede enojar al propietario del local. Estos felinos son muy numerosos y suponen una molestia importante para los restaurantes.

9 Conducir en Atenas
Atenas es una ciudad congestionada en lo que a tráfico se refiere. En el centro, abundan las calles de una sola dirección y peatonales, el aparcamiento es escaso y algunos griegos conducen con cierta despreocupación. Por todas estas razones, resulta aconsejable que los visitantes viajen en transporte público, en taxi o a pie *(ver p. 133)*.

10 Fotografiar bases militares
En noviembre de 2001, 12 británicos y 2 holandeses amantes de los aviones fueron arrestados por tomar notas en una base aérea militar griega. Posteriormente fueron encarcelados por espionaje. Esto da muestra de la seriedad del asunto. Todas las instalaciones militares muestran claramente un cartel que prohíbe el uso de cámaras. Recuerde que está estrictamente prohibido hacer fotografías y tomar notas.

Emergencias generales

- *Policía 100*
- *Ambulancia 166*
- *Bomberos 199*

Hospitales

- *Hospitales/clínicas y farmacias de guardia 1434*

Izquierda **Grupo turístico** Derecha **Teatro de Epidauro**

TOP 10 Viajes especializados

1 Visitas de medio día a Atenas

Si se dispone de poco tiempo, no hay nada como seguir a un guía profesional por el antiguo corazón de la ciudad. Key Tours organiza visitas informativas y amenas que comienzan en el estadio Kalimármaro *(ver p. 95)* y se dirigen a la Acrópolis a través de la ciudad.

2 Atenas por la noche

Fantasy Travel organiza visitas en autobús por la tarde a la costa de El Pireo, con una parada en Mikrolimano para tomar, con vistas al puerto pesquero, un aperitivo acompañado de *ouzo*. A continuación se regresa al centro para cenar en una taberna de Plaka.

3 Cabo Sunio

Por la tarde, se recorre en autobús la costa suroeste de Atenas, pasando junto a los barrios costeros de Glyfáda, Voula y Vouliagméni, hasta el templo de Poseidón en lo alto de la colina *(ver p. 123)*. Antes de regresar al centro, queda el tiempo justo para tomar una copa.

4 Crucero nocturno al teatro de Epidauro

En julio, Epirotiki Tours organiza viajes nocturnos en barco a Epidauro para asistir a una representación teatral al aire libre en el antiguo teatro. En el viaje de vuelta se sirve la cena a la luz de las velas.

5 Crucero de un día a las islas Sarónicas

Los barcos de Epirotiki Tours salen por la mañana temprano de Paleo Faliro, y luego navegan alrededor de las islas de Egina, Poros e Hydra, haciendo una pequeña parada en cada una. El almuerzo a bordo está incluido. Se regresa a la ciudad a primera hora de la noche.

6 Delfos

Key Tours y Fantasy Travel ofrecen viajes de un día desde Atenas al yacimiento de Delfos. Después de comer, la visita continúa hacia Aráchova, en la ladera de la colina, famosa por sus alfombras y quesos locales.

7 Caminar por el monte Parnes

Para respirar el aire de la montaña, se puede reservar en Trekking Hellas un recorrido a pie de 4 horas por el monte Parnes. Acompañados de un guía profesional, se avanza por un camino señalizado hacia el escarpado barranco Houni, desde Agía Triáda hasta el refugio Bafi.

8 Viaje de un día en velero

Ghiolman Yachts dispone de una flota de elegantes barcos con diferentes esloras para realizar recorridos de un día. Los patrones de los veleros hablan inglés. Ésta es sin duda una de las mejores formas de recorrer las islas.

9 Un día de buceo

Aegean Dive Center organiza excursiones de buceo a un barco naufragado, una cueva y un arrecife situados a lo largo de la costa, entre Glyfáda y el cabo Sunio. La temperatura del agua permite bucear a lo largo de todo el año. El personal habla inglés. Se ofrecen clases a aquellos que carezcan de experiencia previa.

10 Recorridos en helicóptero

Para disfrutar de una espectacular vista aérea de la ciudad, nada como subirse a un helicóptero con Hop In Zinon. Organizan vuelos durante todo el año.

- *Aegean Dive Center, Zamanou 53, Pandhoras, Glyfáda; 210 894 5409; www.adc.gr*
- *Epirotiki Tours, 210 429 1501; www.epirotiki.gr*
- *Fantasy Travel, Xenofondos 8; 210 322 8410 y 331 0530–3; www.fantasy.gr*
- *Ghiolman Yachts, Filellinon 7; 210 323 0330; www.ghiolman.com*
- *Hop In Zinon, Zanni 29, El Pireo; 210 428 5500; www.hopin.com*
- *Key Tours, Kallirois 4; 210 923 3166 y 923 3266; www.keytours.gr*
- *Trekking Hellas, Filellinon 7; 210 331 0323–6; www.trekking.gr*

La Acrópolis por la noche

TOP 10 Información sobre alojamiento

1 Elegir hotel
La Cámara Helénica de Hoteles dispone de un completo listado de hoteles en Atenas y realiza reservas. La página web de la GNTO *(ver p. 131)* también ofrece una extensa relación de hoteles.

2 Páginas web
En las páginas web enumeradas en el cuadro es sencillo realizar consultas y reservas, además muchas de ellas ofrecen descuentos considerables. El especialista en Grecia, Grecotour, tiene un completo buscador de alojamiento en Internet.

3 Alojamiento céntrico
En Atenas, los barrios son grandes y si se opta por alojarse en la periferia se pierde mucho tiempo trasladándose hasta los principales lugares de interés. Los hoteles más céntricos se encuentran en las zonas de Plaka, Makrigianni, Koukáki, Monastiráki, Thissio y Syntagma.

4 Temporada alta
La temporada alta se extiende de principios de julio a finales de septiembre. El periodo de abril a junio y el mes de octubre son temporada media, mientras que la temporada baja incluye desde principios de noviembre a finales de marzo. De temporada alta a temporada baja puede llegar a haber una diferencia del 50%.

5 Descuentos
En casi todos los hoteles, menos los de lujo, se puede solicitar descuentos. A menudo es posible regatear para conseguir tarifas inferiores, especialmente en estancias largas en temporada baja.

6 Precios
Los precios indicados normalmente incluyen un desayuno continental, el 12% habitual por el servicio y un 10% de impuestos. Los huéspedes por lo general pueden utilizar gratis las instalaciones del hotel. Los mejores hoteles disponen de aire acondicionado. En los más económicos, de estar equipados con este servicio, puede que haya que pagar un extra por disponer de él.

7 Llegada a última hora
Si se acaba de bajar del avión y se necesita alojamiento, el nuevo Sofitel Athens Airport Hotel es una opción excelente aunque bastante cara *(ver p. 141)*. Otra alternativa es Plotin Travel (210 353 0440), frente a la zona de llegadas. Abierto de 7.00-23.00 y ayuda a encontrar un alojamiento con un precio más razonable.

8 Viajar solo
Si se viaja solo y se busca alojamiento barato el YHA *(ver p. 145)* es una buena opción. La pensión Marble House *(ver p. 143)* y el Hotel Plaka *(ver p. 142)* disponen de varias habitaciones individuales con algo más de categoría.

9 Viajeros discapacitados
Los hoteles modernos suelen estar mejor equipados. El Hilton y el Atheneaum Intercontinental disponen de habitaciones concebidas para discapacitados.

10 Niños
La mayoría de los hoteles permite que en la habitación doble de los padres se alojen uno o dos niños. La edad límite varía de 12 a 18 años y las camas adicionales son gratis.

Cámara Helénica de Hoteles

- *Stadiou 24; 210 331 25356*
- *Información, Stadiou 24, en la 7ª planta; lu-vi 8.00-14.00*

Páginas web

- *es.kelkoo.com*
- *www.atrapalo.com*
- *www.grecotour.com*
- *www.viajar.com*

Sofitel Athens Airport Hotel

- *210 354 4000*
- *www.sofitel.com*

Izquierda **St. George Lycabettus** Derecha **Athenaeum Intercontinental**

TOP 10 Hoteles de lujo y con encanto

1 King George II

Este ostentoso hotel, en su momento retiro de ricos y famosos, se volvió a abrir en 2004 tras catorce años sin funcionar. Dispone de 104 habitaciones y *suites,* todas con baños de mármol y decoradas con selectas antigüedades. ✆ *Vas Georgiou A, Syntagma • Plano M3 • 210 322 2210 • www.grecotel.gr • €€€€€*

2 Hotel Grande Bretagne

El vestíbulo de mármol, las alfombras orientales y las brillantes arañas de luces le proporcionan a este grandioso hotel un lujo intemporal. La opulencia se extiende a sus 327 habitaciones y *suites,* al restaurante y la piscina de la azotea, y al gimnasio. ✆ *Georgiou 1 • Plano M3 • 210 333 0000 • www.hotelgrandebretagne.gr • €€€€€*

3 Divani Acropolis

Este hotel, situado muy cerca de la Acrópolis, es popular entre los griegos adinerados. En verano, las bebidas y el bufé se sirven en la azotea; en el sótano se conserva un fragmento de la antigua muralla de Temístocles. ✆ *Parthenonos 19–25, Makrigianni • Plano C6 • 210 9280 100 • €€€*

4 Semiramis

En este hotel de 52 habitaciones, diseñado por Karim Rashid, predominan los colores naranja, rosa y verde lima. Dispone de piscina climatizada, gimnasio y spa. En el vestíbulo se muestran exposiciones itinerantes de arte contemporáneo. ✆ *Harilaou Trikoupi 48, Kefalari, Kifissia • Plano T2 • 210 628 4400 • www. semiramisathens.com • €€€€*

5 St. George Lycabettus

Elegante hotel de 157 habitaciones levantado en las laderas de la colina Lykavittós. La azotea está ocupada por un excelente restaurante, una piscina y un bar con vistas. Un servicio de minibús llega hasta Plateía Syntagma. ✆ *2 Kleomenous, Kolonáki • Plano F3 • 210 729 0711 • www.sglycabettus.gr • €€€€*

6 Hotel Pentelikon

Este encantador edificio de los años veinte está ubicado en unos tranquilos jardines con piscina del moderno barrio de Kifissia, situado al norte. Cada una de las 30 habitaciones y 14 *suites* está decorada en un estilo propio. Además, el hotel alberga el fantástico restaurante Vardis *(ver p. 56).* ✆ *Deligianni 55, Kefalari, Kifissia • Plano T2 • 210 623 0650 • www.hotelpentelikon.gr • €€€€€*

7 Life Gallery

Hotel de diseño de cristal con 30 habitaciones, estudios y *suites,* ubicado en un jardín arbolado con piscina. La decoración moderna y minimalista se complementa con colores terracota e iluminación ambiental. El precio incluye Ananea Health and Spa. ✆ *Thiseos 103, Ekali • Plano T2 • 210 626 0400 • ww.bluegr.com • €€€€*

8 Divani Apollon Palace

En este amplio hotel costero, las espaciosas habitaciones están equipadas con muebles de roble y baños de mármol. El complejo mira hacia una playa privada y también dispone de piscina cubierta y al aire libre. Un autobús lo comunica con Plateía Syntagma. ✆ *Vouliagméni • Plano T3 • 210 891 1100 • www.divaniapollon.gr • €€€€*

9 Astir Palace Resort

Exclusivo centro de vacaciones costero. El complejo engloba tres hoteles, playas privadas, actividades de ocio y piscinas con agua marina. Se puede acceder al centro de Atenas en los autobuses de enlace y limusinas. ✆ *Vouliagméni • Plano T3 • 210 890 2000 • www.astir.gr • €€€€€*

10 The Margi Hotel

Esta joya de hotel, situada a 5 minutos a pie de la playa de Vouliagméni, dispone de 110 habitaciones y 11 *suites* decoradas con antigüedades y baños de mármol. Por la noche, los huéspedes se relajan junto a la piscina, en los sofás del bar-salón. ✆ *Litous 11, Vouliagméni • Plano T3 • 210 896 2061 • www.margi.gr • €€€€*

***Nota:** todos los hoteles aceptan tarjetas de crédito y tienen baño y aire acondicionado en las habitaciones si no se especifica lo contrario*

Precios

Habitación doble (a veces con desayuno), servicio e impuestos incluidos.	€	menos de 100 €
	€€	100-150 €
	€€€	150-250 €
	€€€€	250-350 €
	€€€€€	más de 350 €

Izquierda **Callirhoe** Derecha **Metropolitan**

TOP 10 Hoteles de negocios

1 NJV Athens Plaza

Este hotel, ubicado en el centro de la ciudad, dispone de habitaciones de diseño amplias y bonitas, con baños de mármol, duchas de masaje, artículos de tocador de Bulgari. El vestíbulo es famoso por su elegancia y el centro de negocios permanece abierto las 24 horas. Las habitaciones de la octava y novena plantas ofrecen estupendas vistas de la Acrópolis. *Vasileos Georgiou y Stadiou • Plano M3 • 210 335 2400 • www.grecotel.gr • €€€€*

2 The Hilton

Después de una completa reforma en 2003, el Hilton de Atenas se ha convertido en un hotel elegante, funcional y moderno. Las amplias instalaciones incluyen seis restaurantes, dos bares (uno en la azotea), una piscina y un centro de salud, además de numerosos servicios para conferencias. *Vasilissis Sofias 46, Ilissia • Plano G4 • 210 728 1000 • www.athens.hilton.com • €€€€€*

3 Athenian Callirhoe

En este hotel nuevo y con estilo, el vestíbulo minimalista de tonos metálicos da paso a las habitaciones de líneas elegantes y definidas, completamente equipadas con lujosas instalaciones. El personal trabaja para convertir la estancia del cliente en un placer. *Kallirois 32 y Petmeza • Plano C6 • 210 921 5353 • www.tac.gr • €€€*

4 Metropolitan

Muy popular entre los ejecutivos por su amplia oferta de instalaciones para negocios. El restaurante permanece abierto las 24 horas y en las habitaciones se encuentran detalles de categoría. Dispone de un servicio gratuito de enlace con el centro de la ciudad cada hora. *Syngrou 385, Delta Falirou • 210 947 1000 • www.chandris.gr • €€€*

5 Ledra Marriott

El personal es amable y servicial y las habitaciones son atractivas, con tonos cálidos y detalles agradables como edredones de plumón de ganso y baños de mármol. El restaurante polinesio Kona Kai es de gran calidad. *Syngrou 115 • Plano T2 • 210 930 0000 • www.marriott.com • €€€*

6 Athenaeum Inter-Continental

Bien equipado, moderno y con estilo.Tiene excelentes instalaciones de negocios, además de gimnasio, sauna, piscina y servicio de enlace con el centro de la ciudad. *Syngrou 89–93, Neos Kosmos • Plano T2 • 210 920 6000 • www.intercontinental.com • €€€€*

7 Athens Park Hotel

Con vistas al exuberante verdor del parque Pedion Areos, este elegante hotel tiene 152 habitaciones y *suites* decoradas con delicados colores, y cuartos de baño en mármol gris. Tiene piscina en la azotea y gimnasio. *Leoforos Alexandras 10, Exarhia • Plano D1 • 210 889 4500 • www.athensparkhotel.gr • €€€*

8 Divani Caravel

Las habitaciones ofrecen todos los servicios para negocios. Dispone de restaurantes y bares y de un jardín en la azotea con piscina que se convierte en cubierta. Un servicio de enlace gratuito lleva hasta Syntagma. Un total de 35 habitaciones tienen vistas de la Acrópolis. *Vasileos Alexandrou 2, Pangráti • Plano G5 • 210 720 7000 • €€€€*

9 Fresh Hotel

Próximo al Mercado Central, Fresh proporciona un diseño chic al centro de Atenas. Sus 133 habitaciones tienen una decoración minimalista con colores vivos. Hay un café y una pequeña piscina en la azotea. *Sophokleous 26 & Klisthenous, Psiri • Plano J1 • 210 524 8511 • www.freshhotel.gr • €€€*

10 Sofitel

Destierra la idea de que los hoteles de los aeropuertos son anodinos. Las habitaciones insonorizadas resultan elegantes y sofisticadas, con tolos los servicios. Las instalaciones para negocios se sitúan entre las mejores de Grecia. La piscina acristalada de la azotea ofrece fascinantes vistas. *Aeropuerto de Atenas, Spata, Ática • Plano T3 • 210 354 4000 • www.sofitel.com • €€€€€*

Izquierda **Esperia Palace** Derecha **Titania**

TOP 10 Hoteles de precio medio

1 Hotel Plaka
El precio de este hotel es estupendo para una ubicación inmejorable entre Plaka y la calle comercial de Ermoú. Sus habitaciones son cálidas y sencillas pero con estilo. El jardín de la azotea mira hacia la Acrópolis. *Kapnikareas 7 y Mitropoleos, Monastiráki • Plano K3 • 210 322 2096 • www.plakahotel.gr • €€*

2 Electra Palace
Probablemente el mejor establecimiento para alojarse en Plaka. Este elegante y moderno hotel tiene una fachada que imita el estilo neoclásico. La piscina de la azotea tiene vistas a la Acrópolis. *Navarchou Nikodimou 18, Plaka • Plano L4 • 210 337 0000 • www.electrahotels.gr • €€€*

3 Adrian
Ofrece habitaciones pequeñas, limpias y prácticas, aunque algo frías, en el corazón de Plaka junto a la biblioteca de Adriano. Tiene pequeños balcones y las vistas desde el jardín de la azotea son estupendas. La plaza llena de cafés ofrece un lugar agradable para sentarse, aunque puede resultar ruidosa por la noche. *Adrianou 74, Plaka • Plano J3 • 210 322 1553 • www.douros-hotels.com • €€*

4 Acropolis Select
Ésta es una de las mejores ofertas de la ciudad. Por sólo un poco más que la mayoría de los hoteles baratos, dispone de un restaurante y un vestíbulo elegantes, y luminosos cuartos con servicio de habitaciones, televisión vía satélite, instalaciones para negocios y, si se pide, vistas a la Acrópolis. Aunque no se encuentra en un barrio turístico, se puede llegar a la mayoría de los lugares de interés a pie. *Falirou 37–39, Koukáki • Plano C6 • 210 922 9151/5 • www.acropoliselect.gr • €€*

5 Herodion
Este atractivo y moderno hotel, situado en un tranquilo barrio bajo la Acrópolis, dispone de habitaciones cómodas y decoradas recientemente. Ofrece conexión a internet en todas las habitaciones y un atrio lleno de flores en el que se sirve el desayuno. *Robertou Galli 4, Makrigianni • Plano C6 • 210 923 6832 • www.herodion.gr • €€€*

6 Amalia
Perfecta combinación de precio y ubicación, en Plateía Syntagma, frente a los Jardines Nacionales. Las habitaciones son cómodas, funcionales y, a pesar de dar a una ruidosa calle principal, sorprendentemente tranquilas. *Amalias 10, Syntagma • Plano M4 • 210 323 7301 • www.amalia.gr • €€*

7 Athens Cypria
A unos pasos del bullicio de Syntagma y las elegantes tiendas de Ermoú, las habitaciones recientemente reformadas de Cypria son limpias y cómodas. El abundante bufé del desayuno ofrece platos fríos y calientes hasta las 10.00. *Diomeias 5, Syntagma • Plano L3 • 210 323 8034 • €€*

8 Esperia Palace
Situado en una de las calles más bulliciosas de la ciudad, este céntrico hotel es una buena opción para una estancia corta. Las habitaciones son tranquilas, están amuebladas con gusto y ofrecen una amplia variedad de servicios. Las estancias por encima de la séptima planta tienen vistas de la Acrópolis. *Stadiou 22, Panepistimiou • Plano L2 • 210 323 8001–9 • www.esperia.gr • €€€*

9 Titania
Sus habitaciones y baños resultan amplios para esta categoría de precio; además el hotel se encuentra en el centro. El bar de la azotea y el café de la planta baja están siempre animados. *Panepistimiou 52, Omónia • Plano L1 • 210 332 6000 • www.titania.gr • €*

10 Omonia Grand
Este hotel, luminoso, moderno y con estilo, está dirigido por la cadena Grecotel. Hasta el momento, ha conseguido un buen nombre gracias a su elegante decoración, las habitaciones cómodas y el servicio amable. *Pireos 2, Omónia • Plano C2 • 210 528 2[illegible]00 • www.grecotel.com • €€*

***Nota:** todos los hoteles aceptan tarjetas de crédito y tienen baño y aire acondicionado en las habitaciones si no se especifica lo contrario*

Precios

Habitación doble (a veces con desayuno), servicio e impuestos incluidos.	€	menos de 100 €
	€€	100–150 €
	€€€	150–250 €
	€€€€	250–350 €
	€€€€€	más de 350 €

Izquierda **Marble House Pension** Derecha **Art Gallery Hotel**

TOP 10 Alojamiento económico

1 Marble House Pension

Marble House, una de las favoritas de estudiantes y artistas, dispone de habitaciones limpias y sencillas y un ambiente agradable. Ofrece visitas con descuentos y tarifas mensuales en temporada baja. Los huéspedes pagan algo más por el aire acondicionado y por el baño privado. *Zini 35A, Koukáki • Plano B6 • 210 923 4058 • www.marblehouse.gr • €*

2 Art Gallery Hotel

Resulta la más cara de las opciones baratas, pero este hotel ofrece agradables suelos de madera, arte en todas las habitaciones y se sitúa a un corto paseo de la Acrópolis y de varios restaurantes de calidad. En temporada baja, dispone de tarifas mensuales. No sirven desayunos. *Erethiou 5, Koukáki • Plano C6 • 210 923 8376 • €*

3 Acropolis House

Esta casa con 120 años de antigüedad situada en el centro de Plaka cuenta con el favor de artistas y profesores, que disfrutan de su ubicación tranquila e histórica y de los originales frescos de la entrada. Las habitaciones son sencillas y están limpias, aunque la mayoría tiene suelo de linóleo y sólo la mitad dispone de aire acondicionado, por el que se paga un extra. *Kodrou 6–8, Plaka • Plano L4 • 210 322 2344 • €*

4 Hotel Attalos

Es céntrico, barato y está limpio; si esto es todo lo que se necesita, entonces el Attalos es perfecto. Está situado entre el mercado central y el mercadillo de Monastiráki. *Athinas 29, Monastiráki • Plano J2 • 210 321 2801 • €*

5 Cecil Hotel

Ubicado al bajar la calle desde el Attalos, en el mismo barrio. Esta mansión neoclásica reformada guarda en su interior suelos de madera, altos techos con molduras y muebles y acogedores. Es bastante elemental pero el ambiente es agradable. *Athinas 39, Monastiráki • Plano J2 • 210 321 7079 • www.cecil.gr • €*

6 Jason Inn

Este hotel ofrece una excelente relación calidad/precio. Las habitaciones y el servicio son mucho mejor de lo que se podría esperar en la categoría económica. Los huéspedes suelen elogiar al personal amable y servicial. Aunque no está en un barrio turístico, es fácil llegar a pie a distintos lugares de interés y buenos restaurantes. *Asomaton 12, Monastiráki • Plano B3 • 210 325 1106 • www.douros-hotels.com • €€*

7 King Jason

Parecido al Jason Inn, cuenta con habitaciones que además de tener estilo, están limpias y son cómodas. El bar y el restaurante resultan agradables y suelen estar animados, pues el barrio no dispone de una gran oferta culinaria. *Kolonou 26, Metaxourgeio • Plano B2 • 210 523 4721 • www.douros-hotels.com • €*

8 Hotel Carolina

El Carolina, frecuentado casi exclusivamente por estudiantes y mochileros, ofrece un perpetuo ambiente de fiesta internacional. Es un lugar divertido para conocer gente, pero puede resultar ruidoso por la noche. Las recientes reformas han incorporado camas nuevas. *Kolokotroni 55, Syntagma • Plano K2 • 210 324 3551 • €*

9 The Exarcheion

Ha sido parte integrante durante años del circuito internacional de mochileros. Las habitaciones son sencillas pero bien conservadas; los precios, económicos; y el personal, amable. El pequeño bar se encuentra en el centro de la animada Plateía Exárcheia. *Themistokleous 55, Exárcheia • Plano D2 • 210 380 1256 • €*

10 Hotel Dryades

Es semejante al Exarcheion en cuanto a la relación calidad/precio y el nivel de servicios, pero el Hotel Dryades no tiene una ubicación tan céntrica y por lo tanto resulta más tranquilo. *Dryadon 4, Exárcheia • Plano D1 • 210 382 7116 • €*

Precios

Precio mensual por una habitación doble, suite o apartamento, servicio e impuestos incluidos.

€	menos de 1.000 €
€€	1.000–2.000 €
€€€	2.000–3.000 €
€€€€	3.000–4.500 €
€€€€€	más de 4.500 €

Izquierda y derecha **Brasil Hotel Apartments**

TOP 10 Alojamiento para estancias largas

1 Tony's Hotel
Estos estudios son más pequeños que muchas habitaciones de hotel y los fríos suelos de azulejo no les dan un ambiente acogedor. Sin embargo, son nuevos, están limpios y ofrecen baños y pequeñas cocinas bien equipados, y balcones grandes. Se encuentran a un corto paseo de la Acrópolis. *Zacharista 26, Koukáki • Plano B1 • 210 923 0561 • €*

2 Holiday Suites
Estas cómodas *suites* y estudios-apartamento están dirigidos por Holiday Inn y ofrecen todos los servicios e instalaciones propios de esta cadena. Todos disponen de grandes baños, pequeñas cocinas y una pequeña zona de oficina. Están ubicadas a poca distancia del centro, a donde se puede llegar rápidamente en autobús o taxi. *Arnis 4, Ilissia • 210 727 800 • €€€€€*

3 Delice Hotel Apartments
Estos estudios, *suites* y apartamentos son bastante básicos pero de proporciones generosas, con dormitorio, cocina y salón independientes. Se ubican en una zona con escasa oferta de lugares de interés, restaurantes y bares. Hay que coger un autobús para llegar al centro de la ciudad. *Vasileos Alexandrou 3 y Vrasida, Ilissia • 210 723 8111 • €€€*

4 President Hotel
Este hotel con todos los servicios ofrece alquileres casi exclusivamente mensuales. Las cómodas habitaciones disponen de gran número de servicios, pero no de extras para estancias largas como cocina o salón. *Kifissias 43, Ambelokipi • 210 698 9500 • €€*

5 Blazer Suites
Todas las estancias del hotel son *suites* y apartamentos. El alojamiento es agradable, sencillo más que lujoso, y los baños son bastante pequeños. Está ubicado en el barrio más meridional de Atenas: estupendo para disfrutar del aire puro, las playas cercanas y los clubes de verano pero un poco alejado del centro de la ciudad. *Karamanli 1–3, Voula • 210 965 8801–7 • €€€€*

6 Oasis Hotel Apartments
Otro de los muchos hoteles de apartamentos situados en los ricos barrios del sur. La mayoría de los apartamentos, con dos habitaciones y una pequeña cocina, dispone de vistas al mar. Dispone de un patio ajardinado con piscina e hidromasaje, además de completos servicios de hotel. *Poseidonos 27, Glyfáda • 210 894 1555 • www.oasishotel.gr • €€€*

7 Brasil Hotel Apartments
Este hotel está ubicado al sur, en un tranquilo barrio residencial de Glyfáda. Ofrece apartamentos de uno y dos dormitorios con cocinas completas y acceso a todos los servicios del hotel. Está cerca de la playa y rodeado de jardines. *Eleftherias 4, Glyfáda • 210 894 2124–6 • www.brasilhotel.gr • €€€€*

8 Oneiro Luxury Apartments
Estos apartamentos con uno o dos dormitorios son en su mayoría bastante lujosos, están decorados con antigüedades y arañas de luces y tienen vistas del golfo de Sarónica. Además de piscina, hidromasaje e instalaciones para negocios, dispone también de zonas comunes de líneas elegantes y un jardín. *Psiloriti 98–100, Ano Glyfáda • 210 963 3011, 964 6787 • €€€€–€€€€€*

9 Best Value Properties
Esta agencia inmobiliaria está especializada en alquileres de apartamentos amueblados por toda la ciudad para periodos cortos de más de un mes o dos. *210 671 7554*

10 The Greek Real Estate Group
Este grupo de promoción de propiedades ayuda a encontrar por toda la ciudad alquileres para las vacaciones y casas en multipropiedad en diversos periodos. *Dousmani 5, suite 134, Glyfáda • 210 964 9514 • www.greekreg.com*

Nota: *Los precios para estancias largas se facilitan normalmente por mes, pero la mayoría ofrece tarifas semanales si se solicitan*

Izquierda **Student and Travellers' Inn** Derecha **Athens International Youth Hostel**

TOP 10 Albergues, hostales y cámpings

1 Youth Hostel No. 5 Pangrati

Se encuentra retirado de los lugares de interés y el bullicio del centro de la ciudad, pero el precio de la cama en dormitorios comunes es inmejorable. Ésta es la sede de la Asociación Griega de Albergues Juveniles, que puede ayudar a encontrar alojamiento económico por todo el país. *Damareos 75, Pangráti • 210 751 9530*

2 Phivos

Este nuevo albergue ateniense es una buena opción para los que buscan un alojamiento céntrico. La dirección es agradable y solícita. Todas las habitaciones tienen cuarto de baño y aire acondicionado. *Athinas 23, Syntagma • Plano L4 • 210 323 2455 • Aire acondicionado*

3 John's Place

Pequeña y amable pensión familiar con una ubicación céntrica. A pesar de los precios económicos, las habitaciones disponen de las instalaciones y comodidades básicas, incluido aire acondicionado. *Patroou 5, Syntagma • Plano L3 • 210 322 9179 • Aire acondicionado*

4 Student and Travellers' Inn

Este hostal inmaculado y agradable recientemente reformado está ubicado en una bonita zona de Plaka. Las habitaciones y los dormitorios tienen suelos de madera, grandes ventanales, teléfono y acceso a Internet. Los baños son compartidos pero cada estancia dispone de su propio lavabo y espejo. *Kydathinaion 16, Plaka • Plano L4 • 210 324 4808 • Aire acondicionado*

5 Dioskouros Guest House

Popular entre los mochileros. Los dormitorios y las habitaciones, hasta para cuatro personas, están normalmente abarrotados en verano. Los estudiantes y jóvenes disfrutan del ambiente festivo. Al finalizar el día, la mayoría se reúne en el jardín trasero a tomar algo. *Pittakou 6, Plaka • Plano L5 • 210 324 8165*

6 Hotel Tempi

Lo mejor es su ubicación en una calle peatonal céntrica pero tranquila que mira hacia una iglesia, el mercado de flores de Monastiráki y la Acrópolis. Las habitaciones son elementales, pero la familia que dirige el hotel es servicial y puede organizar visitas por la ciudad. *Aiolou 29, Monastiráki • Plano K3 • 210 321 3175*

7 International Youth Hostel de Atenas

Su ubicación es céntrica. Los dormitorios, con camas baratísimas, están inmaculados y son tranquilos lo que le convierte en un verdadero hallazgo en esta parte de la ciudad. El personal está encantado de ayudar. Las instalaciones incluyen lavandería y una cocina. *Victor Hugo 16, Metaxourgio • Plano B2 • 210 523 2049*

8 Zorba's Hotel

Un buen lugar para pasar una noche o dos por poco dinero en sus diminutas y limpias habitaciones y dormitorios comunes. Se sitúa en una ruidosa calle cercana al centro. Las ventajas son un acogedor personal y grandes baños. *Gkilfordou 10, Omónia • Plano C1 • 210 823 4239 • Aire acondicionado*

9 Hostel Aphrodite

Camas en dormitorios limpios y ambiente animado. Aunque está ubicado en una zona algo abandonada no se encuentra lejos del centro. Las instalaciones incluyen lavandería y acceso a Internet. Los estudiantes y mochileros se reúnen en el bar de la planta baja. *Einardou 12, Omónia • 210 881 0589 • Abierto: mar-oct*

10 Cámping de Atenas

El único cámping en la zona de Atenas y del alojamiento más barato de los alrededores. El inconveniente es su situación junto a una autopista a casi una hora a las afueras de la ciudad. Sólo merece la pena considerarlo como la última opción. *Leoforos Athinon 198 • 210 581 4114*

***Nota:** todos los establecimientos enumerados cuestan menos de 50 € por noche; los dormitorios no cuestan más de 16 € por noche*

Izquierda **Centro de vacaciones Poseidón** Centro **Nafplia Palace** Derecha **Xenia**

TOP 10 Hoteles fuera de Atenas

1 Gran centro de vacaciones Lagonissi

Este amplio complejo de vacaciones se extiende entre Sunio y Vouliagméni. Abarca 16 playas, y ofrece alojamiento en *suites* junto al mar y casas de campo con piscina. Hay también gran cantidad de restaurantes y variedad de actividades. *Carretera Atenas-Sunio, Lagonissi • Plano T3 • 22910 76000 • www.lagonissiresort.gr • Abierto: abr-nov • €€€€€*

2 Grecotel Cabo Sunio

Además de todas las comodidades modernas que se pueden esperar tras una completa reforma, esta sucursal de la cadena Grecotel está ubicada en una verde ladera con espectaculares vistas del mar y del templo de Poseidón. *Carretera Atenas-Sunio • Plano T3 • 22920 69700 • www.grecotel.gr • €€€€*

3 Club Mediterranee Mare Nostrum

Situado en una bahía cercana al yacimiento de Brauron, este nuevo Club Med ofrece el típico paquete de actividades, con toda clase de servicios incluidos. Destaca la piscina cubierta de mármol y el balneario. *Costa de Brauron • Plano T3 • www.clubmed.com • 210 930 1192 • €€ (estancia mínima de siete noches, incluidas comidas y actividades)*

4 Bratsera

Este hotel, ubicado en una antigua fábrica de esponjas, es uno de los lugares más agradables para alojarse en Grecia. Las habitaciones y el patio lleno de flores son encantadores, aunque algunos habituales aseguran que el servicio ha empeorado un poco. *Puerto, Hydra • Plano S4 • 22980 53971 • Abierto: mar–oct • €€*

5 Centro de vacaciones Poseidón

Este centro de vacaciones tiene una pequeña playa privada y amplios jardines, además de instalaciones para deportes, balneario y servicios para conferencias. El alojamiento varía mucho en tamaño, estilo y lujo, desde habitaciones individuales hasta casas de campo. Los elegantes bungalós son los mejores. *Zona de Boutsi Loutrakiou, Loutraki • Plano R2 • 27440 67938 • www.poseidonresort.gr • €€€*

6 Nafplia Palace

Sometido a una reciente reforma, el mejor hotel de Nauplio adopta toques decorativos con madera y mármol en sus amplias habitaciones. Lo que no cambia es su inmejorable ubicación en la colina de Acronafplia, dentro de las antiguas murallas. *Acronafplia, Nauplio • Plano R3 • 27520 28981 • www.nafplionhotels.gr • €€€*

7 AKS Porto Cheli

Situado frente al golfo Argoliko, constituye una buena base para recorrer el Peloponeso. Tras la reciente reforma dispone de espaciosas habitaciones y ofrece una completa variedad de servicios. *Portocheli • Plano S4 • 2754 053 400 • www.akshotels.com • €€*

8 Thermae Sylla Grand Hotel

Uno de los mejores balnearios de Grecia, ofrece tratamientos en los manantiales de Evia, tanto de belleza como relajantes. Se ha conservado la hermosa arquitectura exterior pero el interior es moderno. *Edipsos, Evia • Plano S1 • 22260 60100 • www.thermaesylla.gr • €€€€*

9 Centro de vacaciones Elatos, Aráchova

Centro de vacaciones alpino en un bosque de pinos en el extremo del Parque Nacional Parnassos. Sus 40 chalés disponen de dos o tres dormitorios, cocina, chimenea y galería. Ofrece un centro de salud. *Itamos, norte de Aráchova • Plano R1 • 22340 6116[illegible] • www.elatos.com • €€€*

10 Xenia

Sus habitaciones, cómodas y clásicas, ofrecen una maravillosa vista de los olivares de Delfos. Dispone de piscina cubierta y gimnasio . *Delfos • Plano [illegible]1 • 22650 82151 • €€*

Nota: *todos los hoteles aceptan tarjetas de crédito y tienen baño y aire acondicionado en las habitaciones si no se especifica lo contrario*

Hotel Parnassos

Precios

Habitación doble con desayuno (si está incluido), impuestos y extras incluidos.	€ menos de 100 €
	€€ 100-150 €
	€€€ 150-250 €
	€€€€ 250-350 €
	€€€€€ más de 350 €

TOP 10 Alojamiento económico fuera de Atenas

1 Hotel Ganimede

Las habitaciones de esta mansión del siglo XIX son sencillas pero elegantes; sin embargo, su verdadero atractivo reside en el patio ajardinado con flores, en los suntuosos desayunos y en la hospitalidad de sus propietarios. *Gourgouri 16, Galaxídi • Plano Q1 • 22650 41328 • www.gsp.gr/ganimede.gr • Cerrado: noviembre y diciembre • No aceptan tarjetas de crédito • €*

2 Archontiko

Las habitaciones temáticas de este hotel no caen en el mal gusto y la mayoría de ellas es acogedora. La Nupcial tiene una inmensa cama con dosel; En el mar está decorada como un barco; mientras que Concepción, cuenta con una cama redonda y espejos en el techo. Tiene un agradable jardín. *Visithra, cerca del puerto, Galaxídi, Galaxidi • Plano Q1 • 22650 42292 • No aceptan tarjetas de crédito • €*

3 Hotel Belle Helene

El arqueólogo alemán Heinrich Schliemann se alojó en la habitación nº 3, mientras excavaba Micenas. Los clientes pueden disfrutar de habitaciones limpias, tranquilas y cómodas, además de la histórica distinción del hotel. *Christou Tsounta 15, Micenas • Plano R3 • 27510 76225 • €*

4 Pension Acronafplia

Si esta bonita pensión está llena, los propietarios pueden buscar habitación en sus otros pequeños hoteles de la ciudad. El alojamiento es variado: no todas las habitaciones disponen de baño privado o aire acondicionado, lo que se refleja en los precios. Muchas de las opciones son agradables, como las estancias con suelos de madera y camas de hierro forjado. *Vasileos Konstandinou 23, Nauplio • Plano R3 • 27520 24481 • www.pension-acronafplia.com • €*

5 Dimitri Bekas

Se trata de la mejor opción económica de Nauplio. Estas habitaciones del casco antiguo son sencillas y limpias; todas tienen televisión y la mayoría comparte el baño. No hay aire acondicionado, pero los ventiladores y la ubicación elevada mantienen el ambiente fresco. Desde la zona de descanso en la azotea se obtiene una magnífica vista. *Efthimiopoulou 26, Nauplio • Plano R3 • 27520 24594 • Sin aire acondicionado, no aceptan tarjetas de crédito • €*

6 King Othon

Este edificio neoclásico con techos pintados está situado junto al centro del viejo Nauplio. Las cómodas habitaciones tienen diversos tamaños y el desayuno incluye delicias caseras. *Farmakopoulou 4, Nauplio • Plano R3 • 27520 27595 • €*

7 Hotel Tholos

Opción buena y económica en Delfos. Las habitaciones son baratas y están limpias. Los propietarios son amables. *Apollonos 31, Delfos • Plano Q1 • 22650 82268 • Sin aire acondicionado, no aceptan tarjetas de crédito • €*

8 Hotel Olympic

Opción en Delfos algo más cara pero asequible. Las habitaciones son acogedoras, rústicas y limpias. La chimenea del salón resulta magnífica durante los inviernos (temporada alta). *Vasileon Pavlou y Friderikis 59, Delfos • Plano Q1 • 22650 82793 • €*

9 Hotel Parnassos

Una opción buena y económica a las afueras de Aráchova. Las habitaciones son sencillas y limpias, y hay un baño para cada dos cuartos. No dispone de aire acondicionado pero rara vez es necesario. *Delphon, Aráchova • Plano R1 • 22670 31307 • Sin aire acondicionado • €*

10 Eginitiko Arhontiko

Mansión del siglo XIX: techos pintados, salón con vidrieras y patio ajardinado. Las habitaciones son pequeñas y están limpias, aunque con tuberías ruidosas y algún desconchón. *Thomaidou y Agios Nikoloau, Agía Marína, Egina • Plano S3 • 22970 24968 • €*

Índice general

Agradecimientos

EL PAÍS-AGUILAR Y DORLING KINDERSLEY quieren dar las gracias a las siguientes personas, cuya ayuda y colaboración han permitido la elaboración de esta guía.

Autores
Coral Davenport y Jane Foster

Mapas
John Plumer

Fotografías
Nigel Hicks

Fotografías adicionales
Joe Cornish, Rupert Horrox, Rob Reichenfeld, Clive Streeter, Peter Wilson

Permisos fotográficos
Los editores quieren agradecer a las siguientes personas, instituciones, empresas y agencias fotográficas su amabilidad al conceder los permisos necesarios para reproducir las fotografías incluidas en esta guía. Si en esta edición se ha omitido a alguno de ellos por error, se subsanará en la siguiente.

AKG, LONDRES: 34ai/ad, 35i, 35d, 36ai(d), 37a(d), 38ac; Cameraphoto 38ai: John Hios 36c, 37c(d); Erich Lessing 36ab, 36ac, 36ad(d), 38ab, 38ad, 39a(d)/c/ab(d), 61.

MUSEO BENÁKI: M. Skiadaresis 2ac, 22c/ab, 23a/ci/ab; ARQUITECTOS BERNARD TSCHUMI: 11c/ab, 46ai; APARTAMENTOS BRASIL HOTEL: 144ai; LIBRERÍA DE ARTE BRIDGEMAN: Museo de la Acrópolis, Atenas 40ai; Fitzwilliam Museum, Universidad de Cambridge, Reino Unido 40ad; Musee Municipal Antoine Vivenel, Compiegne, Francia 40c; Museo Arqueológico Nacional, Atenas, Grecia 64c. MUSEO BIZANTINO: 29ai, 29ad

HOTEL CALLIRHOE: 141ai; cortesía del MUSEO DE LA CIUDAD DE ATENAS: 87ab; CORBIS: Hulton Deutsch Collection 64ad; Gianni Dagli Orti 16c, 41a.

Cortesía del FESTIVAL HELÉNICO SA: 60ab(d).

Cortesía del MUSEO JUDÍO DE GRECIA: 72ad.

Cortesía de PUBLICACIONES KAZANTAKIS: 37ab(d); COLECCIÓN KOBAL: 20th Century Fox 65abi.

HOTEL METROPOLITAN: 141ad.

FUNDACIÓN NICHOLAS P. GOULANDRÍS MUSEO DE ARTE CICLÁDICO Y ARTE ANTIGUO GRIEGO: 18-19 todas; 43c. COMITÉ ORGANIZADOR DE LOS JUEGOS OLÍMPICOS ATENAS 2004: 62ac/62ad.

PHOTOSTOCK, Atenas: 15c, 29c, 23a, 60c, 64ai.

ROBERTHARDING.COM: Tony Gervis 60ad.

VENUE BAR: 85ai.

CUBIERTA
Todas las fotografías encargadas especialmente excepto las siguientes. Delantera: **Corbis,** Kevin Schafer imagen principal; **DK Picture Library,** a, cs; Rob Reichenfeld ci, ab. Posterior: **DK Picture Library** Rob Reichenfeld i, c, d, a: arriba; ac: arriba centro; ad: arriba derecha; ai: arriba izquierda; cis: centro izquierda superior; cs: centro superior; cds: centro derecha superior; ci: centro izquierda; c: centro; cd: centro derecha; cii: centro izquierda inferior; ci: centro inferior; cdi: centro derecha inferior; ab: abajo; abi: abajo izquierda; abc: abajo centro; abd: abajo derecha.

Expresiones útiles

Urgencias

¡Socorro!	Voícia!
¡Deténgase!	Stamatíste!
¡Llamen a un médico!	Fonáxte éna yiatró
Llamen a una ambulancia/a la policía/a los bomberos	Kaléste to ascenofóro/tin astinomía/tin pirosvestikí
¿Dónde está el teléfono/hospital/farmacia más cercana?	Pú íne to plisiéstero tiléfono?/nossokomío/farmakío

Conversación Elemental

Sí	Ne
No	Óji
Por favor	Parakaló
Gracias	Efjaristó
De nada	Parakaló
De acuerdo	Endáxi
Perdón	Me sinjoríte
Hola	Yiássas
Adiós	Andío
Buenos días	Kaliméra
Buenas noches	Kaliníjta
La mañana	Proí
La tarde	Apoyévma
La noche	Vrádi
Esta mañana	Ssímera to proí
Ayer	Ejcés/Jtés
Hoy	Ssímera
Mañana	Ávrio
Aquí	Edó
Allí	Ekí
¿Qué?	Tí?
¿Por qué?	Yiatí?
¿Dónde?	Pú?
¿Cómo?	Pós?
¡Espere!	Perímene!

Frases y Palabras Habituales

¿Cómo estás?	Tí kánis?
Muy bien, gracias	Polí kalá, efjaristó
¿Cómo está usted?	Pós íste?
Encantado de conocerle	Jéri polí
¿Cómo se llama?	Pós légueste?
¿Dónde está/están...?	Pú íne?
¿Cuánto tiempo se tarda en llegar a...?	Pósso apéji...?
¿Cómo llego a...?	Pós mboró na páo...?
¿Habla español?	Miláte ispaniká?
Comprendo	Katalavéno
No comprendo	Den katalavéno
¿Podría hablar más despacio, por favor?	Miláte pío argá, parakaló
Lo siento	Me sinjoríte
¿Tiene alguien la llave?	Éji kanénas klidí?
grande	megálo
pequeño	mikró
caliente	sestó (s inicial sonora)
frío	krío
bueno	kaló
malo	kakó
bastante	arketá
bien	kalá
abierto	anijtá
cerrado	klistá
izquierda	aristerá
derecha	dexiá
todo recto	efcía
entre	anámessa, metaxí
en la esquina con...	sti gonía tu..
cerca	kondá
lejos	makriá
arriba	epáno
abajo	káto
pronto	norís
tarde	argá
entrada	ísodos
salida	éxodos
lavabo	tualétes
ocupado	katiliméni
libre	eléfceri
gratis	doreán
dentro/fuera	méssa/éxo

Al Teléfono

¿Dónde está el teléfono público más cercano?	Pú vrískete o plisiésteros tilefonikós zálamos?
Quisiera poner una conferencia	Za ícela na káno éna iperastikó tilefónima?
Quisiera hacer una llamada a cobro revertido	Za ícela na jreósso to tilefónima ston paralípti
Probaré más tarde	Za xanatilefonísso argótera
¿Puedo dejar un mensaje?	Boríte na tu afíssete éna mínima?
¿Podría hablar más alto, por favor?	Miláte dinatótera, parakaló
Llamada local	Topikó tilefónima
Espere un momento	Periménete
Oficina de teléfono OTE	o OTÉ/To Tilefonío
Cabina de teléfono	o tilefonikós zálamos
Tarjeta telefónica	i tilekárta

Compras

¿Cuánto cuesta esto?	Pósso káni?
Quisiera...	Za ícela...
¿Tienen ustedes...?	Éjete...?
Sólo estaba mirando	Aplós kitáo
¿Aceptan tarjetas de crédito/cheques de viaje?	Déjeste pistotikés kartés/travellers' checks
¿A qué hora abren/cierran?	Póte aníguete/klínete?
¿Pueden enviarlo al extranjero?	Boríte na to stílete sto exoterikó?
Éste	Aftó edó
Ése	Ekíno
caro	akrivó
barato	ftinó
talla	to méyezos
blanco	lefkó
negro	mávro
rojo	kókino
amarillo	kítrino
verde	prássino
azul	blé

Tipos de Tiendas

anticuario	magasí me andíkes
panadería	o fúrnos
banco	i trápesa (s sonora)
bazar	to pasári (s sonora)
librería	to vivliopolío
carnicería	to kreopolío
pastelería	sajaroplastío (s sonora)
tienda de quesos	magasí me alandiká
delicatessen	Delicatessen
grandes almacenes	polikatástima
mercado de pescado	ijciopolío/psarádiko
verdulería	to manáviko
peluquería	to komotírio
quiosco	to períptero
tienda de cuero	magasí me dermátina ídi
mercadillo	i laikí agorá
quiosco de prensa	o efimeridopólis
farmacia	to farmakío
oficina de correos	to tajidromío
zapatería	katástima ipodimáton
tienda de recuerdos	magasí me suvnír
	supermárket/iperágora

agencia de viajes	ídi kapnís to taxidiotikó grafío

Visitas

información turística	o EOT
policía de turismo	i turistikí astinomía
arqueológico	arjeoloyikós
galería de arte	i ngalerí
playa	i paralía
bizantino	bisantinós (s sonora)
castillo	to kástro
catedral	i mitrópoli
cueva	to spíleo
iglesia	i eklissía
arte local	laikí téjni
fuente	to sindriváni
colina	o lófos
histórico	istorikós
isla	to nissí
lago	i límni
biblioteca	i vivliocíki
mansión	i épavlis
monasterio	moní
montaña	to vunó
municipal	dimotikós
museo	to musío
nacional	eznikós
parque	to párko
jardín	o kípos
garganta	to farángui (g suave)
tumba de...	o táfos tu
río	to potámi
carretera	o drómos
santo	áyios, áyi, ayía, ayíes
manantial	i piyí/i platía
estadio	to stádio
estatua	to ágalma
teatro	to céatro
ayuntamiento	to dimarjío
cerrado en festivos	klistó tis aryíes

Transporte

¿A qué hora sale el...?	póte févgui to...?
¿Dónde está la parada del autobús?	Pú íne i stássi tu leoforíu?
¿Hay algún autobús hacia...?	Ipárji leoforío ya...?
taquilla	ekdotíria issitiríon
billete de ida y vuelta	issitírio me epistrofí
viaje de ida	apló issitírio
estación de autobús	o stazmós leoforíon
billete de autobús	isitírio leoforíu
trolebús	to trólei
puerto	to limáni
tren/metro	to tréno
estación de tren	o sidirodromikós stazmós
motocicleta	to motopodílato/to mijanáki
bicicleta	to podílato
taxi	to taxí
aeropuerto	to aerodrómio
transbordador	to ferrimbót
aliscafo	to delfíni/to idroptérigo
catamarán	to katamarán
de alquiler	enikiásonde

En el Hotel

¿Tienen habitaciones?	Éjete domátia?
habitación doble con cama de matrimonio	díklino me dipló kreváti
habitación doble con dos camas	díklino me moná krevátia
habitación individual	monóklino
habitación con baño	domátio me mbaño
ducha	to dus (s sonora)
portero	o portiéris
llave	to klidí
Tengo una reserva	éjo káni krátissi
habitación con vistas al mar/con balcón	domátio me céa sti zálassa/mbalkóni
¿El precio incluye el desayuno?	to proinó simberilambánete stin timí?

En el Restaurante

¿Tienen mesa?	Éjete trapési? (s sonora)
Quisiera reservar una mesa	Célo na kratísso ena trapési
La cuenta, por favor	ton logariasmó, parakaló
Soy vegetariano	íme jortofágos
¿Qué tienen fresco para hoy?	Tí frésko éjete símera?
camarero/camarera	kírie, garsón, kiría
menú	o katálogos
precio por cubierto	to kuvér
carta de vinos	o katálogos me ta inopnevmatódi
copa	to potíri
botella	to mbukáli
cuchillo	to majéri
tenedor	to pirúni
cuchara	to kutáli
desayuno	to proinó
almuerzo	to messimerianó
cena	to dípno
segundo plato	to kiríos yévma
entrante/primer plato	ta orektiká
postre	to glikó
plato del día	to piáto tis iméras
bar	to mbar
taberna	i tavérna
café	to kafenío
taberna marisquería	i psarotavérna
asador	i psistariá
bodega	to inopolío
lechería	to galaktopolío
restaurante	to estiatório
ouzeri	to userí (con s sonora)
tienda de *meze*	to mesedopolío
kebabs para llevar	to ssuvladsídiko
poco hecho	elájista psiméno
en su punto	métria psiméno
muy hecho	kalopsiméno

La Carta

café	o kafés
con leche	me gála
cafe sólo	skétos
sin azúcar	jorís sájari (s sonora)
poco azúcar	métrios
muy dulce	glikís
té	tsái
chocolate caliente	sestí sokoláda
vino	krassí
tinto	kókino
blanco	lefkó
rosado	rosé (s sonora)
raki	to rakí
ouzo	to úso (s sonora)
retsina	i retsína
agua	to neró
pulpo	to jtapódi
pescado	to psári
queso	to tirí
halloumi	to jalúmi
feta	i féta
pan	to psomí
sopa de alubias	i fasoláda
humus	to júmus
halva	o jalvás

kebab de carne	o yíros
delicia turca	to lukúmi
baklava	o mbaklavás
klephtiko	to kléftico

Números

1	éna
2	dío
3	tría
4	téssera
5	pénde
6	éxi
7	eptá
8	ojtó
9	enéa
10	déka
11	éndeka
12	dódeka
13	dekatría
14	dekatéssera
15	dekapénde
16	dekaéxi
17	dekaeptá
18	dekaojtó
19	dekaenéa
20	íkossi
21	ikossiéna
30	triánda
40	saránda
50	penínda
60	exínda
70	ebdomínda
80	ogdónda
90	enenínda
200	ekató
100	diakóssia
1.000	jília
2.000	dío jilíades
1.000.000	éna ekatomírio

Tiempo, Días y Fechas

un minuto	éna leptó
una hora	mía óra
media hora	missí óra
un cuarto de hora	éna tétarto
la una y media	mía ke missí
la una y cuarto	mía ke tétarto
la una y diez	mía ke déka
las dos menos cuarto	dío pára tétarto
las dos menos diez	dío pára déka
un día	mía méra
una semana	mía evdomáda
un mes	énas mínas
un año	énas jrónos
lunes	deftéra
martes	tríti
miércoles	tetárti
jueves	pémpti
viernes	paraskeví
sábado	sávato
domingo	kiriakí
enero	yanuários
febrero	fevruários
marzo	mártios
abril	aprílios
mayo	máyos
junio	yúnios
julio	yúlios
agosto	ávgustos
septiembre	septémvrios
octubre	októvrios
noviembre	noémvrios
diciembre	dekémvrios